铁路货运岗位作业培训教材

铁路货运基础知识

《铁路货运岗位作业培训教材》编委会　编

中国铁道出版社有限公司

2024年·北　京

内 容 简 介

本书为《铁路货运岗位作业培训教材》中的一种，内容包括铁路货运概念、铁路货运相关专业知识、铁路货运设备设施、铁路货运作业组织、货运组织信息系统等。本书立足国家职业标准、铁路行业标准、规章制度的要求，结合新技术、新设备、新业务的发展与运用，重点突出铁路货运作业所需的各项基础知识，具有较高的科学性、规范性和实用性。

本书可供铁路货运作业人员培训与自学使用，也可作为相关管理人员的参考用书。

图书在版编目(CIP)数据

铁路货运基础知识/《铁路货运岗位作业培训教材》编委会编．—北京：中国铁道出版社有限公司，2021.6(2024.1重印)
铁路货运岗位作业培训教材
ISBN 978-7-113-27880-9

Ⅰ.①铁… Ⅱ.①铁… Ⅲ.①铁路运输-货物运输-岗位培训-教材 Ⅳ.①U294.1

中国版本图书馆 CIP 数据核字(2021)第 062558 号

书　　名：**铁路货运基础知识**
作　　者：《铁路货运岗位作业培训教材》编委会

责任编辑：安　琪　　　**编辑部电话**：(010)63583273
封面设计：郑春鹏
责任校对：孙　玫
责任印制：高春晓

出版发行：中国铁道出版社有限公司(100054，北京市西城区右安门西街 8 号)
网　　址：http://www.tdpress.com
印　　刷：三河市国英印务有限公司
版　　次：2021 年 6 月第 1 版　2024 年 1 月第 2 次印刷
开　　本：880 mm×1 230 mm 1/32　**印张**：3.625　**字数**：65 千
书　　号：ISBN 978-7-113-27880-9
定　　价：18.00 元

编 委 会

前言

当前，我国铁路事业实现了长足发展，高速铁路、高原铁路、高寒铁路、重载铁路等领域技术已达到世界领先水平。近年来，一批新建和改造的货场、物流基地投产，货车、装卸设施设备更新升级，货运信息化建设水平提高，都为货运发展植厚了根基，同时也对货运系统职工队伍素质提出了新的更高要求。

人才培养，是新时代提高服务质量、保障运输安全的基石；职工培训，是满足铁路向现代物流企业转型、提供高素质技能人才支撑的重要途径。铁路货运业务涉及范围广，岗位工种分类细，规章数量多、关联性强、修改频繁，迫切需要梳理和建立一套完善的专业培训教材。教材不仅是劳动者终生教育和职业生涯发展的主要工具，而且是提高培训质量的重要保障。为此，广州局集团公司聚焦“交通强国、铁路先行”，组织开发了实用性、针对性、操作性强的《铁路货运岗位作业培训教材》。

《铁路货运岗位作业培训教材》由广州局集团公司货运部、职工培训部共同牵头组织，广州货运中心、长沙货运中心、衡阳职工培训基地分工负责，集中了优秀工程技术人员、工匠、首席技师编写及审定。教材涵盖了铁路货运基础知识、铁路货运票据电子化、铁路货运劳动安全、货物装载加固及超限超重运输、铁路集装箱运输、铁路鲜活货物运输、铁路货物班列运输、铁路货车篷布运用、铁路专用线货物运输、铁路货物保价及损失处理、特种设备和特种作业、铁路货运计量安全检测设备运用、铁路抑尘作业、铁路货物运输计费 14 个方面的专业内容。教材坚持继承与创新相结合，充分体现了新技术、新设备、新业务的发展与运用；教材坚持科学性与规范性，依据铁路行业标准的基本要求编写，准确体现了国家职业标准、铁路行业标准、规章制度的要求；教材坚持实用可行性原则，重点突出了应知应会、实作技能、应急处置、案例分析，既便于现场职工培训与自学，又利于管理人员提高工作水平。

本套教材适用于货运各工种适应性培训，也适用于职工新职、转岗、晋升的资格性培训和职业技能鉴定培训。在教材编写与审定过程中，得到了湖南高速铁路职业技术学院、北京扬天科技有限公司以及广州局集团公司有关部室、单位的大力支持，在此一并表示感谢。

《铁路货运岗位作业培训教材》编委会

2021 年 5 月

目 录

第一章　铁路货运概念

第一节　货运基本概念

一、铁路货物运输

铁路货物运输是指货物经由铁路实现有目的的变更或位移。即铁路作为承运人接受托运人委托，依托铁路设备设施，在规定时间内将货物安全、迅速、准确地从始发地运至目的地交付给收货人。

二、铁路货物运输种类

1. 整车货物运输

一批货物的重量、体积或形状需要以一辆及以上货车运输的，应按整车托运。

2. 集装箱运输

一批货物的重量、体积或形状符合集装箱运输条件的，可以按集装箱托运。

3. 零散货物运输

大宗货物以外的货物，可按零散货物运输方式组织运输，分为零散货物快运和批量零散货物快运。

(1)零散货物快运：适用于每一批托运重量不足 40 t

且体积不足 80 m^3 的货物。煤(01)、石油(02)、焦炭(03)、金属矿石(04)、钢铁(05)、非金属矿石(06)、磷矿石(07)等散堆装货物，危险货物、超限超重和超长货物，活动物及需冷藏、保温运输的易腐货物，易于污染其他货物的污秽货物，军运、国际联运、需在米轨与准轨换装运输的货物，在专用线(专用铁路)装卸车的货物，国家法律法规明令禁止运输的货物，其他不宜作为零散货物运输的货物，以及棚车以外车辆装运的货物，不得按零散货物快运办理。

(2)批量零散快运：批量货物快运可按整车组织装运，适用于每一批托运重量在 40 t 及以上或体积 80 m^3 及以上的规定品类货物，具体能以批量零散快运方式运输的货物品类以国铁集团公布为准。为进一步满足市场需求，单批重量在 40 t 或体积在 80 m^3 及以下的货物，亦可比照批量零散货物快运办理。

三、铁路货物运输特点

铁路货物运输安全程度高，运输能力大，运送速度快，运输成本低，环境污染小，受外部环境影响小，具有其他运输方式不可替代的优势。

第二节　货物托运与承运

一、运输需求

在一定时间内，客户提出的实现货物位移的意愿。

运输需求包括确定装车日期和暂不确定装车日期的运输需求。

二、托运

托运人向铁路提出运输货物需求，并提交货物运单。

三、受理

铁路接受托运人提出的货物运输需求，经车站审查符合运输要求，对客户提报的需求进行实货核实，在铁路货运电子商务系统进行确认。

四、承运

零散快运货物、集装箱运输的货物，由发站接收完毕；整车货物、批量零散快运货物装车完毕，发站在货物运单上加盖车站日期戳时起，即为承运。

五、变更

托运人由于特殊原因，对承运后的货物运输合同，按批向货物所在的中途站或到站提出改变到站、改变收货人。

六、货物交付

承运人在规定地点与收货人进行货物（车）交接，并在货物运单上加盖货物交付日期戳。

七、托运人

托运人是指委托承运人运输货物并支付运费的单位或个人。

八、承运人

承运人是指与托运人签订货物运输合同的铁路运输企业。

九、货物运输合同

货物运输合同是指承运人与托运人为运输货物签订的明确权利和义务的协议。

第三节 铁路车站

一、发站

发站是办理货物承运手续的车站。

二、到站

到站是办理货物交付手续的车站。

三、装车站

装车站是组织发送货物装车的车站。

四、卸车站

卸车站是组织到达货物卸车的车站。

五、货检站

货检站是列车运行途经有改编或人工方式列检作业，或无改编或无列检作业但停车时间在35 min及以上的编组站或区段站。

第四节 特殊货物

一、危险货物

危险货物是指具有爆炸、易燃、毒害、感染、腐蚀、放射性等危险特性，在铁路运输、装卸和储存保管过程中，容易造成人身伤亡、财产毁损或者环境污染而需要特别防护的物质和物品。

二、鲜活货物

鲜活货物是指在铁路运输过程中需要采取制冷、加温、保温、通风、上水等特殊措施，以防止出现腐烂、变质、冻损、生理病害、病残死亡等问题的货物。

三、超限货物

超限货物是指货物装车后，车辆停留在水平直线上，货物的任何部位超出机车车辆限界基本轮廓者或车辆行经半径为300 m的曲线时,货物的计算宽度超出机车车辆限界基本轮廓者。

四、超重货物

超重货物是指装车后,重车总重活载效应超过桥涵设计标准活载(中—活载)的货物。

五、超长货物

超长货物是指一车负重,凸出车端,需要使用游车或跨装运输的货物。

六、集重货物

集重货物是指重量大于所装货车负重面长度的最大容许载重量的货物。

七、阔大货物

阔大货物是超限、超长、集重货物的总称。

第五节　货运车辆

一、铁路货车

铁路货车是指属国铁集团资产,涂有铁路路徽,按国铁集团统一规定涂打车型标记、编号的货车。

二、运用车

运用车是指参加铁路营业运输的国铁货车、企业自备货车、外国铁路货车、内存货车、企业租用车、军方特殊用途重车。分为重车和空车。

三、重车

重车是指实际装有货物并具有货物运单的货车；卸车作业未完的货车；倒装作业未卸完的货车；以“特殊货车及运送用具回送清单”手续装载整车回送铁路货车用具的货车；填制货物运单的游车。

四、空车

空车是指实际空闲的货车；装车作业未完的货车；倒装作业未装完的货车；运用状态下的机械冷藏车的工作车；循环快运列车中装载装卸工具的车辆。

五、游车

游车是指因货物长度关系而加挂的不承载超限、超长货物的平车。

六、非运用车

非运用车是指不参加铁路营业运输的国铁货车（包括租出空车）、在专用线（专用铁路）（以下简称专用线）内的已获得“过轨运输证”的企业自备货车、在站装卸作业企业自备空车、在本企业内的内存空车、军方特殊用途空车以及国铁特种用途车。

七、备用车

备用车是指为了保证完成临时紧急任务的需要所储备的技术状态良好的国铁空货车。

八、隔离车

隔离车是指编挂装载危险、易燃、超限等货物或特种车辆时，按规定编入列车起隔离作用的车辆。

九、局管货车

局管货车是指原产权归国铁集团所有，超过设计使用寿命，经鉴定符合运用要求，根据运输需要，由国铁集团配属给铁路局集团公司自主使用和管理，产权同时规划铁路局集团公司，原则上应在铁路局集团公司管内使用的铁路货车。

第二章　铁路货运相关专业知识

第一节　货运特定符号

铁路货物运输过程中，使用部分特定符号具备特殊意义。

一、常用运输戳记

1. △K、[易腐货物]：装运易腐货物。
2. (丰)：须与蜜蜂车隔离的农药车。
3. △A：有公安人员押运的五类物资车。
4. △B：重点保价货物。
5. △W：装运军用尖端科技保密货物。
6. (联)：装运国际联运货物的货车，封套。
7. (密)：装运保密货物的货车，封套。
8. [限速连挂]：需限速连挂的货车。
9. [禁止溜放]：需禁止溜放的货车。
10. (Y)：已完成抑尘。
11. (开)：开门窗运输。

12. R:有押运人的货车。

二、货运营业办理限制

1. △货:不办理货运营业,没有专用线、专用铁路货运作业。

2. △牲:站内不办理活牲畜到达。

3. △湿:站内不办理怕湿货物发到。

4. △散:站内不办理散装货物发到。

5. ○专:仅办理专用线、专用铁路货运作业,具体办理内容另查《铁路专用线专用铁路名称表》。

6. ○路:站内仅办理路用货物发到。

7. □危:站内办理危险货物运输,具体办理内容另查《铁路办理站危险货物办理限制》。

以上符号中,△货和○专是对车站货运营业范围的总体描述,适用于整车、集装箱。

三、编组隔离标记

1. △1:装运易燃气体、非易燃无毒气体、毒性气体的货车(含空罐车)。

2. △2:装运一级易燃液体、一级易燃固体、一级易于自燃的物质、一级氧化性物质、有机过氧化物、一级毒性物质(剧毒品)、一级酸性腐蚀性物质、一级碱性腐蚀性物质、一级其他腐蚀性物质的货车。

3. △3:装运放射性物质(物品)(矿石、矿砂除外)的货车。

4. △4:七〇七(一级)货物。

5. △5:七〇七(二级)货物。

6. △6:敞车、平车装运的易燃普通货物及敞车装载的散装硫磺。

7. △7:装运爆炸品(雷管及导爆索(11001、11002、11007、11008))的货车。

8. △8:装运爆炸品(除雷管及导爆索(11001、11002、11007、11008))的货车。

第二节　常用标志标识

铁路货运标志标识通常带有强烈的指向性,分为禁止标志、警告标志、指令标志、提示标志、明示标志等。一般用于现场的标准化管理,又或是在特定的区域警示安全要点,规范安全行为以及指明建筑物等。

一、货区、作业区

货区、作业区标志设置于各货区、作业区入口处,如图 2-1 所示。

(a)用于集装箱货区,如图 2-2a)所示;

图 2-1

(b)用于危险货物作业区,如图 2-2b)所示;

(c)用于快运班列作业区,如图 2-2c)所示;

(d)用于生产作业区,如图 2-2d)所示。

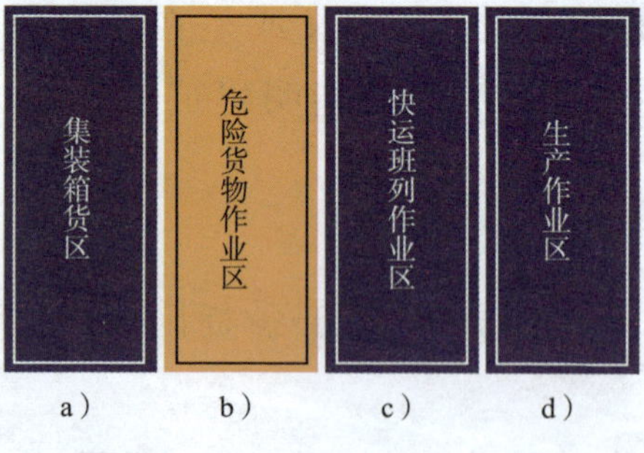

图 2-2

二、货物线

货物线标志设置于货场内线路旁仓库墙体或货物线一侧，如图 2-3所示。

图 2-3

三、危险物品标志

危险物品标志牌应悬挂或张贴在显眼的地方，离地面高度2 200 mm，如图 2-4 所示。

四、警示提示

警示提示设置于货场内门式起重机两侧，如图 2-5 所示。

图 2-4

图 2-5

五、当心吊物

当心吊物标志设置于有吊装设备作业的场所，如图2-6所示。

六、当心叉车

当心叉车标志设置于仓库、通道等叉车进出频繁的场所，离地面高度2 200 mm，如图2-7所示。

图 2-6

图 2-7

七、禁止攀登

禁止攀登标志设置于不允许攀爬的危险地点，如图2-8所示。

图 2-8

八、灭火器、消防水带、火警电话

灭火器、消防水带、火警电话标志如图 2-9 所示。

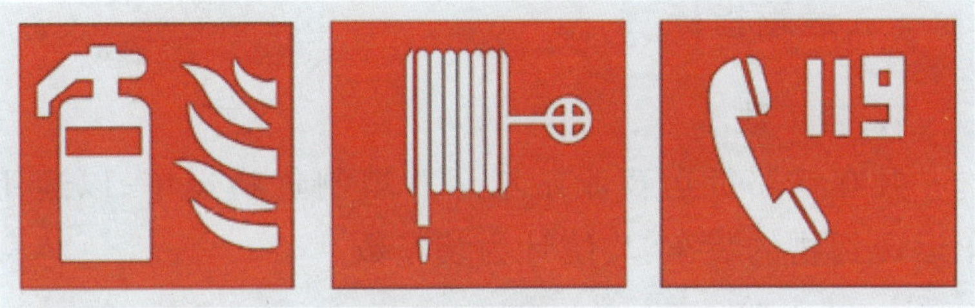

图 2-9

九、安全防护

安全防护标志设置于墙面拐角、作业架等凸出物、仓库支柱，如图 2-10所示。

图 2-10

第三节 货运常用指标

一、运输指标

1. 装车数

凡在铁路货运营业站承运并填制货物运单，以运用车运送货物的装车，均统计为装车数。

2. 卸车数

凡填制货物运单以运用车运送，到达铁路货运营业站的卸车，均统计为卸车数。

3. 货物发送吨数

货物发送吨数是指铁路区域或车站在一定时期内装车所完成的发送货物吨数。

4. 货物周转量

货物周转量是指铁路区域或车站在一定时期内运送货物的吨数与其运送距离的乘积。

二、收入指标

1. 运输收入

运输企业在办理客货运输业务和辅助作业中，向旅客、托运人、收货人核收的运输全程票款、运费和杂费等运输费用的总称，其资金形态统称为运输收入进款。

2. 货运进款

货运进款包括货运收入、铁路建设基金、代收款。

(1)货运收入

运输企业在办理货物运输业务和辅助作业中,使用铁路客货运输票据,按规定向托运人、收货人核收的运费、杂费。

(2)铁路建设基金

运输企业在办理货物运输业务过程中使用铁路客货运输票据,按规定向托运人、收货人核收的经国家批准征收的铁路建设基金。

(3)代收款

客货营业单位核收铁路运输费用时,按规定一并核收其他费用,或使用其他企业专用票据为其代收的款项等。

3. 运输收入审核工作

运用会计方法,对运输收入票据、凭证和报表等运输收入原始凭证进行合规性地审核,确认运输收入正确核收和准确列报,提供运输收入信息资料过程的总称。

三、效率指标

货车停留时间按作业性质分为货物作业停留时间和中转停留时间。

1. 货物作业停留时间

为运用车在站线(包括区间)、专用线(包括路产专用线)及专用铁路内进行装卸、倒装作业所停留的时间。

2. 中转停留时间

为货车在车站进行解体、改编、中转技术作业及其他中转作业(包括变更到站、装载整理及洗罐消毒的货车,按规定进行洗罐的罐车除外)所停留的时间。计算中转停留时间的货车应为本站计算出入的货车。

四、服务质量指标

1. 客户满意度

对服务性行业的客户满意度调查系统的简称,是客户期望值与客户体验的匹配程度。即客户通过对一种产品可感知的效果与其期望值相比较后得出的指数。

2. 客户满意率

在一定数量的目标客户中表示满意的客户所占的百分比。

第四节　货物运输基本条件

一、按"一批"办理的条件

按一批托运的货物,必须托运人、收货人、发站、到站和装卸地点相同(整车分卸货物、批量零散货物快运除外)。

1. 整车货物每车为一批。跨装、爬装及使用游车的货物,每一车组为一批。

2. 集装箱运输的货物,以每张货物运单为一批。每批必须是同一箱型,至少一箱,不得超过铁路一辆货车所能装运的箱数。

3. 按一批托运的散货快运货物，托运人、收货人、发站、到站和装卸地点、货物品名应相同。散装快运以每张货物快运货票为一批。为方便企业发运，同一生产制造加工企业不同品名的批量零散快运货物可视为一批(货物的物化性质不相抵触)，同一生产制造加工企业的认定可暂以货物包装标识为准。

4.《铁路货物运输规程》第 4 条规定不得按零担托运的货物，除蜜蜂、使用冷藏车装运需要制冷或保温的货物和不易计算件数的货物外，其数量不够一车，如托运人要求将同一径路上二个或三个到站在站内卸车的货车，装在同一货车内，作为一批运输时，可按整车分卸托运。

二、准、米轨直通运输

准、米轨间直通运输是指使用一张运单和一份运输票据，跨及准轨(轨距 1 435 mm)与米轨(轨距 1 000 mm)铁路，将货物从发站直接运至到站。

三、站界内搬运

在同一车站管辖范围内的站线、专用线或专用铁路相互间运输货物，称为站界内搬运。

四、区间装卸

在两个车站之间的区间或在不办理货运营业的车站进行货物装卸作业的，即为区间装卸。

第五节　铁路限界

一、建筑限界

铁路建筑限界是铁路线路周围的建(构)筑物或设备接近线路的限制轮廓。一切建(构)筑物、设备,均不得侵入铁路建筑限界,如图 2-11 所示。

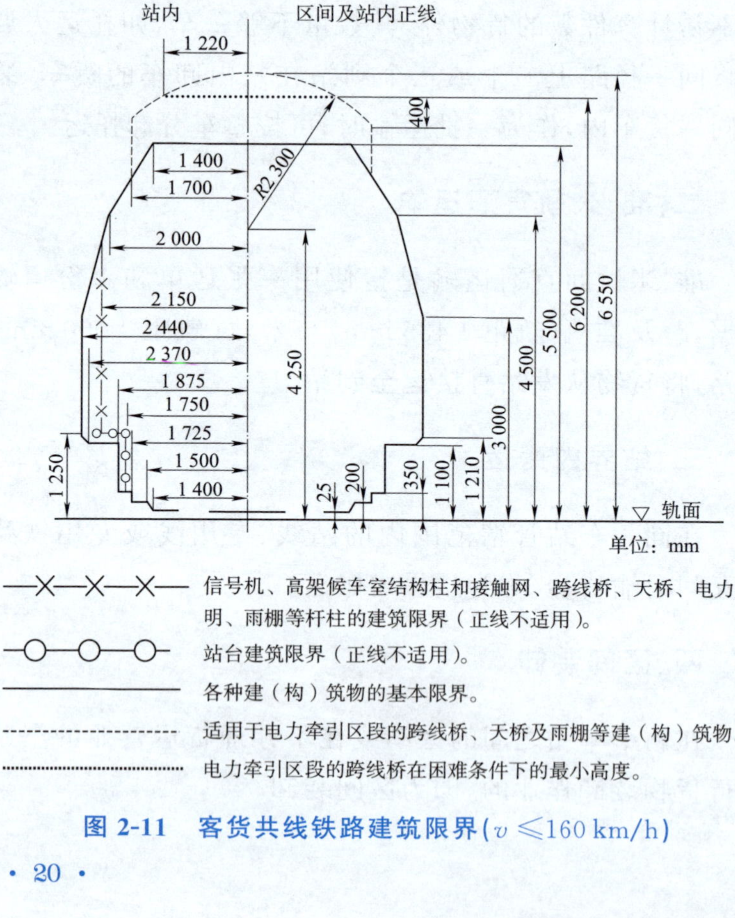

图 2-11　客货共线铁路建筑限界($v \leqslant 160$ km/h)

二、机车车辆限界

机车车辆限界是指规定的机车车辆不同部位的宽度、高度的最大尺寸和零部件至轨面的最小距离，是一个和线路中心线垂直的横断面轮廓。与机车车辆有直接互相作用的设备，在使用中不得超过规定的侵入范围，如图 2-12所示。

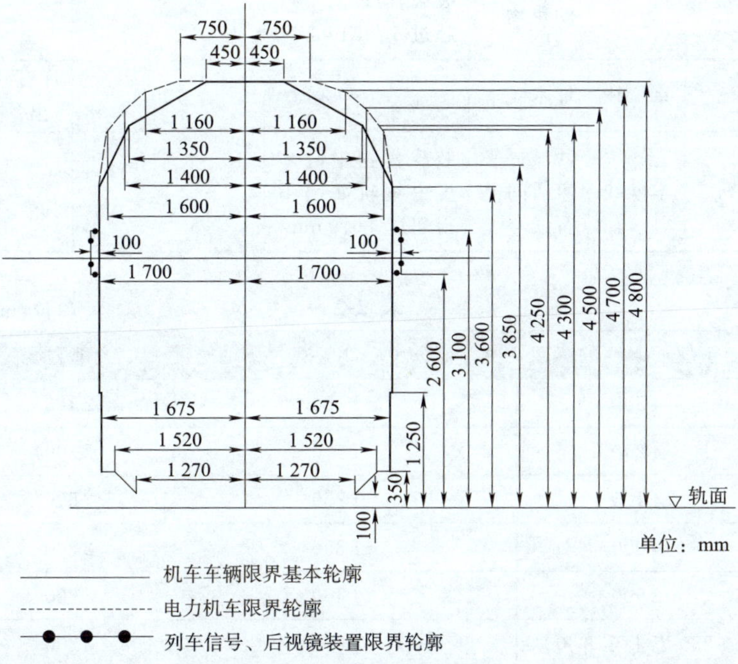

图 2-12　机车车辆限界

三、特定区段装载限制

特定区段装载限制见表 2-1 和表 2-2。

表 2-1　特定区段装载限制

序号	线名	区段	限制事项		附记
			装载限界	车辆自重加实际载重最大吨数	
1	京包线	南口—西拨子间	装载货物高度和宽度按表 2-2 规定		
2		运往朝鲜的货物	按机车车辆限界装载，但最高不得超过 4 750 mm		
3	京广线	坪木线		100	坪石站出岔
4	丰沙线	沙城—三家店间上行线	装载货物中心高度由钢轨面起不得超过 4 600 mm		

表 2-2

单位：mm

由钢轨面起算的高度	由车辆纵中心线起算每侧的宽度	全部宽度
4 300	1 050	2 100
4 200	1 150	2 300
4 100	1 250	2 500
4 000	1 350	2 700
3 900	1 450	2 900
1 250 以上至 3 600	1 600	3 200

第三章 铁路货运设备设施

第一节 货运设施

货运设施包括仓库、货棚、站台、货物线、堆场、通道、房屋等。

一、仓库

仓库是为存放怕受自然条件影响的货物、危险货物和贵重货物而修建在普通站台上的封闭式建筑物。

二、货棚

货棚是为避免货物受自然条件影响而修建有顶棚的构筑物。

三、堆货场

堆货场是用以存放散堆装货物、粗杂品、集装箱、笨重货物和阔大货物的场地，常修建成平货位或低货位。

四、货物站台

货物站台是为便于装卸车作业，主要用以存放不怕自然条件影响的货物而修建的建筑物,一般分为高出轨面 1.1 m 的普通站台和超过 1.1 m 的高站台两种。

五、装卸线

装卸线是办理各类货物装卸车作业用的线路。

六、洗刷除污设备

洗刷除污设备是用以对装运活动物、鲜鱼介类、污移品等货物的车辆,以及受易腐货物污染的冷藏车和《铁路危险货物运输管理规则》中规定必须洗刷消毒的货车,进行洗刷、除污的设备。

七、消防设施

消防设施是指建筑物内的火灾自动报警系统、灭火器、室内消火栓、室外消火栓等设施,用于火灾的扑灭与施救。

第二节　计量安全检测设备

计量安全检测设备是对货车、集装箱进行科学计量及安全检测,确保行车安全的重要设备。主要包括超偏载检测装置、轨道衡、汽车衡、铁道车辆轮重测定仪、装载机电子秤等。

一、超偏载检测装置

超偏载检测装置是在货车运行过程中对其轮重进行测量，进而判定货车是否超偏载的装置。

超偏载检测装置主要包括承载结构、称重传感器、剪力传感器、数据采集和处理系统等。

当车轮行进到传感器测力区时，板式传感器和剪力传感器将所测力的信号传递到采集仪的放大器中进行放大、滤波、模数转换、接口等数据采集和信号处理。采集仪将模数转换后的数字信号送入计算机，经软件分析和对通过的车轮的各种数据的处理，计算出每个货车车轮的轮重。

二、轨道衡

轨道衡是按预定程序对行进中的铁路货车进行称量，具有对称量数据进行处理、判断、指示和打印等功能的一种自动衡器。

轨道衡用于称量铁路货车装载的货物，由基础、称重传感器、承载器、称量仪表、打印机等装置组成，称量仪表将称量传感器输出的车辆载荷信号进行处理，自动转换为质量值，从而得出运行过程中的车辆或列车的质量。

当车辆以低速驶入台面时，车辆的重量通过轮轴或转向架传到主梁，压到传感器上，由传感器将重量信号转换为电压信号，经放大、滤波后，将模拟信号转换为数字信号,通过计算机接口,送入计算机,再经过程序软件,进行处理求出车辆重量。

三、汽车衡

汽车衡是承载器与道路相连接,适用于称量汽车、马车、人力车等各种公路车辆(铁路运输车除外)的衡器。

电子汽车衡系统标准配置由秤台、称重传感器、接线盒以及称重显示仪表等部分组成,根据用户不同需要可选配其它外接设备以组成各种配置,包括计算机、打印机、大屏幕显示器、电源浪涌保护器、稳定电源及多功能电源插座。

承载货车置于秤台上,在物体重力作用下,秤台将重力传递至称重传感器,使称重传感器弹性体产生变形,粘贴于弹性体上后应变梁上的应变计桥路阻抗失去平衡,输出与质量值成正比的电信号,经线性放大器将信号放大,然后经过 A/D 转换为数字信号,由微处理器(CPU)对质量信号进行处理后直接显示质量值。

四、铁道车辆轮重测定仪

铁道车辆轮重测定仪是用于测量铁道车辆实际装载总重量、偏载值及偏重值的专用设备,包括油缸装置、调节拉杆、油泵装置及指示装置等组成部分。

利用液压系统顶起被测车轮然后测量液压系统的压力,再转换为被测车轮的轮重。每测量一次为单个轮重量，每辆车所有单个轮重之和为总重量，其两侧的重量之差为偏载值，前后两端的重量之差为偏重。

五、装载机电子秤

装载机电子秤是一种车辆组合衡器，安装在前置装载机上，以装载机的部分部件作为力传递机构，能在装散料是确定铲斗（承载器）内散料的装入量。

装载机电子秤主要由压力或称重传感器、位置开关或角度传感器、称重指示器、液压分配器、倾斜限位装置等与装载机共同组成。

装载机铲斗的提升和转动是通过液压系统中的油缸驱动提升臂和液压系统中的转动油缸共同实现，油缸中的压力与铲斗中的散料重量之间存在函数关系，所以通过测量油缸中压力的变化，计算出铲斗中散料的重量；也可以利用称重传感器在举升过程中直接测量铲斗中散料的重量。

第三节　抑尘设备

凡经国家铁路使用敞车等敞口运输工具装运的粒度在 35 mm 及以下的散装煤炭，未采取苫盖篷布等遮盖措施的，必须进行抑尘处理。抑尘喷洒设备分为固定式喷洒设备、移动式喷洒设备。

一、固定式喷洒设备

固定式喷洒设备分为龙门式、摆臂式、对喷(侧喷)式等,龙门式喷洒设备适用于非电气化区段,摆臂式、对喷(侧喷)式喷洒设备适用于非电气化区段和电气化区段。固定式喷洒设备是对经过的货车实现自动测速判辆、自动喷洒,喷洒效率高。

二、移动式喷洒设备

移动式喷洒设备适用于不具备固定条件的装车地点,如抑尘车,作业地点道路应顺直、平坦。移动式喷洒设备在配液站将喷洒液助于储液罐,自行到喷洒点。当列车通过时,光电监测系统开始识别牵引机车,牵引机车通过后启动液体泵开始喷洒。列车完全通过后,装置停止喷洒。

第四节 安检设备

安检设备主要包括手持金属探测仪、X 射线安检仪等。

一、手持金属探测仪

手持金属探测仪可以探测出人所携带包裹、行李、信件等内所带武器、炸药或小块金属物品,具备声光报警、开机自检功能,超高灵敏度,操作简便易行。

二、X 射线安检仪

采用 X 射线扫描成像技术对行李进行安全检测的电子设备，由 X 射线发生器、X 射线探测器、图像处理系统等部分组成，根据扫描成像判断物品的安全性。

第五节　装卸设备

装卸设备主要包括门桥式起重机、叉车、装载机、正面吊等。

一、门桥式起重机

门桥式起重机作业是利用门桥式起重机为吊装及运载工具，通过垂直升降和水平移动环节完成所运输货件的吊装、吊卸及搬运、堆码作业环节。按结构形式分类，桥式起重机和门式起重机是铁路货场比较常用的二种起重机。

桥式起重机是横架于厂房、仓库或料场上空进行货件或物料吊装吊卸及搬运、堆码的起重设备。由于其两端坐落在两侧高架(水泥柱或金属支架)上，形状似桥，所以叫桥式起重机，又称天车。

门式起重机是桥式起重机的一种变形，又叫龙门吊。主要用于室外露天货场、料场货、散货的装卸作业。它的金属结构像门形框架，承载主梁下安装两条支脚，可以直接在地面的轨道上行走，主梁两端可以具有外伸悬臂梁。

二、叉车

叉车又称万能装卸机，是一种通用的举升、搬运、堆垛、牵引或推顶轮式车辆，广泛应用于铁路、港口、仓库、工厂、机场等场所，是机械化装卸、堆垛和短距离运输的高效设备。

目前我国生产的叉车按起重量分有 1 t、1.5 t、5 t、14 t 等；按动力装置不同可分为电动叉车、内燃叉车、混合动力叉车和手动叉车。叉车可根据作业环境、质量要求配备货叉、纸夹、桶夹等专用属具，满足货物搬运的不同需求。

三、装载机

装载机指用于铲装土壤、砂石、煤炭等散装物料，也可对矿石、硬土等做轻度铲挖作业的机械。

四、正面吊

正面吊，全称集装箱正面吊运机，是一种具有较高灵活性的集装箱堆码和搬运机械，配有伸缩式吊具。适用于 20～45 英尺集装箱装卸，作业效率高，操作方便。

第六节　铁路货运常用车辆

一、货车分类

铁路货车按用途分为通用货车、专用货车。

1. 通用货车

通用货车的特点是能装载多种货物，包括下列几种：

（1）敞车 C

车体设有固定墙板，侧面设有车门可装运不怕湿损的货物，如装货后苫盖货车篷布，也可装运怕湿损的货物。常见车型有 C_{62A*}、C_{62A*T}、C_{62AT}、C_{62A*K}、C_{62AK}、C_{64H}、C_{64T}、C_{64K}、C_{76}、C_{80} 等，如图 3-1 所示。

图 3-1 敞车

（2）棚车 P

车体具有顶棚、车墙及门窗，用于装运贵重、怕日晒和怕潮湿的货物。有的车内设有安装火炉的烟筒座、床托等装置，必要时可运送人员和牛马。常见车型有 P_{62K}、P_{62T}、P_{64}、P_{65}、P_{66K}、P_{66H}、P_{70A}、P_{80} 等，如图 3-2 所示（详见附录 2：铁路常用货车技术参数）。

（3）平车 N、NX

平车车体为一平板或设有活动的矮侧墙板和端墙板，可以当砂石车用。在装运长大货物时，可将侧墙板和端墙板翻下。平车主要用于装运木材、钢轨、汽车、拖拉机、军用物资及长大、笨重货物等。常见车型有 N_{17AK}、N_{17AT}、N_{17GK}、N_{17AGT}、N_{17K}、N_{17T}、NX_{17AK}、N_{17AT}、NX_{17BK}、N_{17BT}、N_{17BH}、NX_{70}、NX_{70A}、NX_{70H}。

图 3-2　棚车

2. 专用货车

专供运送某些种类的货物，包括下列几种：

(1)罐车 G

车体为一圆罐筒，专门用于装载液体状态的货物，也有少数用以装载粉状货物。罐车的排油装置分为上卸式、下卸式两种。轻油罐车、酸碱类罐车采用上卸式；黏油罐车、液化气罐车采用下卸式。常见车型有 GN_{70}、GY_{70}，如图 3-3 所示。

(2)冷藏车 B

冷藏车又称为保温车。车体夹层装有隔热材料，车内装有冷却和加温装置，使车内能保持所需的温度，车体外部涂以银灰色，对阳光起反射作用，减少太阳辐射热传入车内。供装运易腐货物，如鲜鱼、肉类、水果、蔬菜等。

(3)长大货物车 D

长大货物车是铁路运输中使用的一种特殊平车，供装运各种长、大、重型货物使用。一般载重 90 t 以上，长度在 17 m 以上。根据车底板的形式可分为凹型平车、长大平车、落下孔车、双支承车、两节平车和钳夹车等。

图 3-3　罐车

(4)集装箱专用平车 X

集装箱专用平车是专门用于装运集装箱的平车，如图 3-4 所示。

(5)水泥车 U

水泥车是专门用于装载散装水泥的罐车。

(6)小汽车专用车 JSQ

小汽车专用车是专供小汽车运输的车辆。

图 3-4　集装箱专用平车

(7)毒品车 W

毒品车是专门用于装运毒品的车辆。

(8)矿石车 K

矿石车是专门用于装运矿石的车辆。

二、车辆的基本构造

(一)车辆基本结构

铁路上的车辆种类虽然很多,但它们的构造基本上是相似的,每一辆车一般都是由车体、车底架、走行部、车钩缓冲装置和制动装置五个部分所组成。

1. 车体

铁路货车车体,是车辆装载货物的部分,货车车体从其结构的外观型式分为棚车、敞车、罐车、平车及特种用途车等。

2. 车底架

车底架是车体的基础。它承受车体和所装货物的重量，并通过上、下心盘将重量传给走行部。在列车运行时，它还承受机车牵引力和列车在运行中所产生的各种冲击力及其他外力。

3. 走行部

走行部的作用是引导车轮沿轨道运行，并把车辆的全部重量传给钢轨，它应保证车辆以最小的阻力在轨道上运行，并能顺利地通过曲线。走行部能否保持良好状态，对于车辆能否安全、平稳、高速运行有很大影响。

4. 车钩缓冲装置

车钩缓冲装置，包括车钩和缓冲器两部分，安装在车底架中梁的两端。它不仅能使车辆和车辆、车辆和机车间相互连挂，而且承受着机车的牵引力和列车运行及调车中的各种冲击力，所以它具有连接、牵引、缓冲三种作用。

车钩及缓冲装置由钩头、钩身、钩尾三个部分组成。在钩尾上装有钩尾框。框内装有缓冲器，缓冲器两侧装有从板，它和车底架上的从板座相贴合。

车钩缓冲器的作用于是缓和两辆车连挂时或列车运行中因速度增减而产生的冲击力，提高列车运行的平稳性，延长车辆的使用寿命，保证所装货物的安全。

5. 制动装置

制动装置是用外力迫使运行中的机车车辆减速或停车的一种设备，是车辆的主要组成部分之一，如图 3-5 所示。它不仅是列车运行安全的重要保证,也是提高列车重量和运行速度的前提条件。车辆上的制动装置由制动机和基础装置两部分组成。我国铁路车辆上一般都同时装有空气制动机和手制动机。

脱轨制动装置,由铁道货车脱轨自动制动阀(简称脱轨制动阀)、球阀和管路等组成。脱轨制动阀是脱轨制动装置的核心部件,每根车轴处安装一套,在车辆脱轨时通过制动阀杆被打断将制动主管与大气连通,致使列车发生紧急制动。在主风管与脱轨制动阀的连接管路中安装了一个不锈钢球阀,用于在车辆脱轨或脱轨制动阀发生故障时截断脱轨制动装置支路。

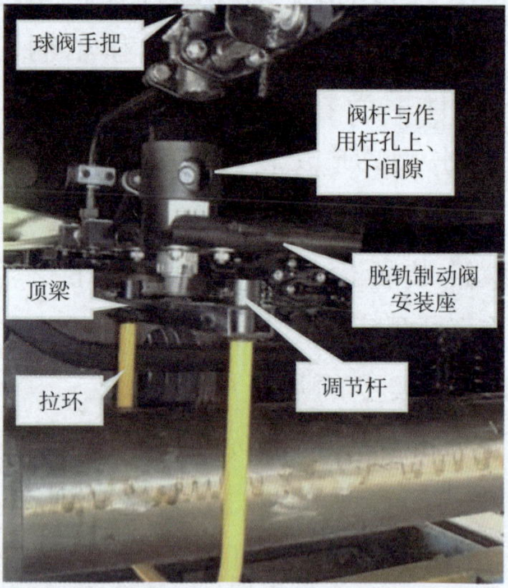

图 3-5　制动装置

（二）常见货车部件名称

敞车、棚车、平车和罐车等四种常见的货车部件名称如图 3-6～图 3-25 所示，以车辆部门的标准为准。

1. 敞车

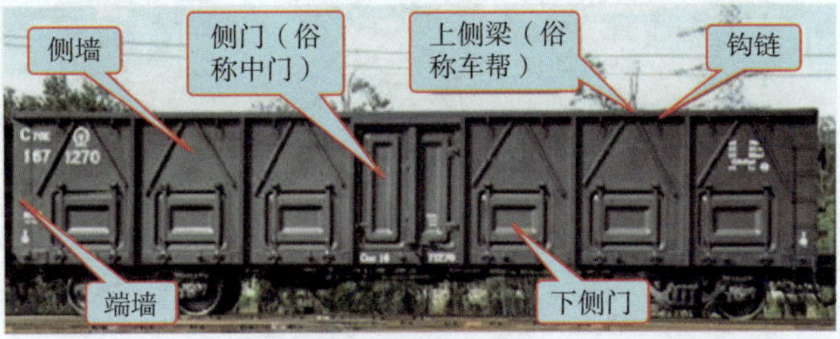

图 3-6　敞车总图

图 3-7　敞车中门(1)

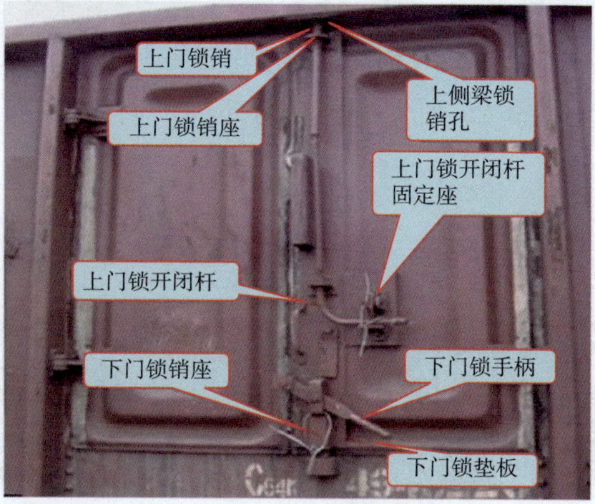

图 3-8　敞车中门(2)

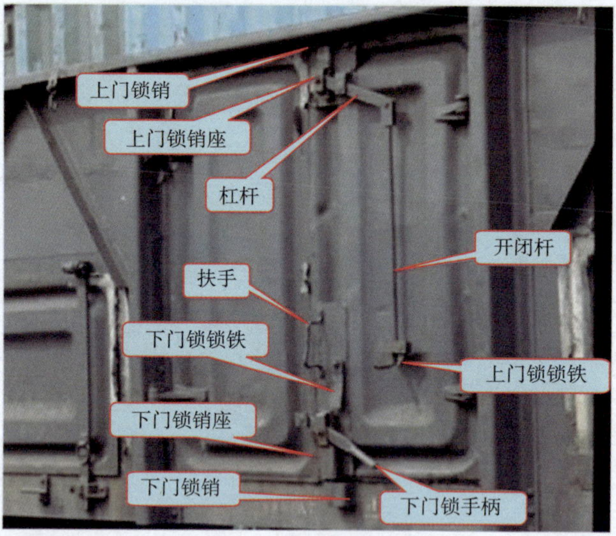

图 3-9　敞车中门(3)

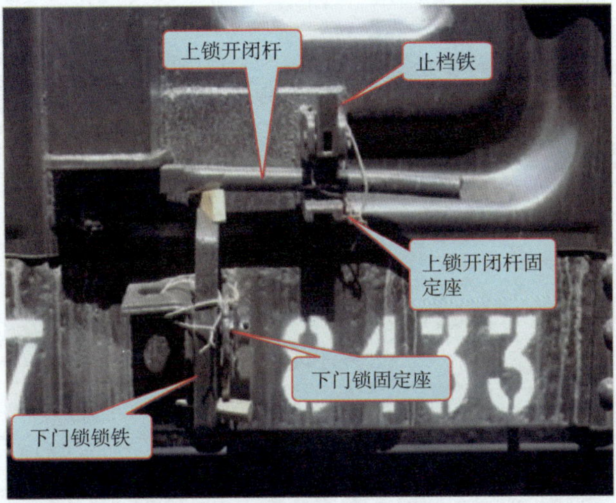

图 3-10　敞车侧门锁闭装置

图 3-11　敞车下侧门

2. 棚车

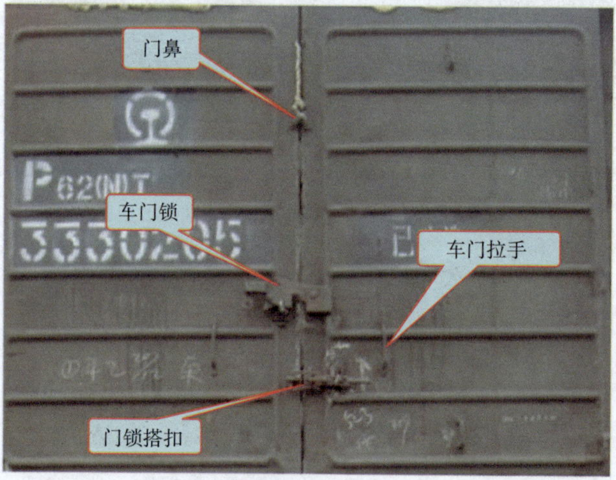

图 3-12　棚车车门

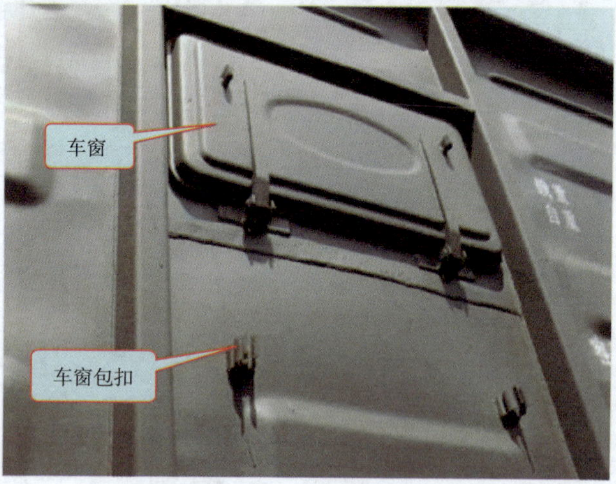

图 3-13　棚车车窗

图 3-14 棚车车门扣

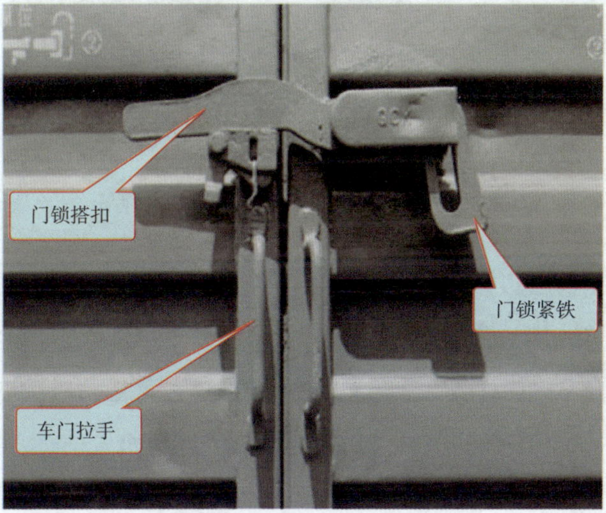

图 3-15 棚车车门锁

图 3-16　棚车车门滑动装置(1)

图 3-17　棚车车门滑动装置(2)

3. 平车

图 3-18 集装箱专用平车(1)

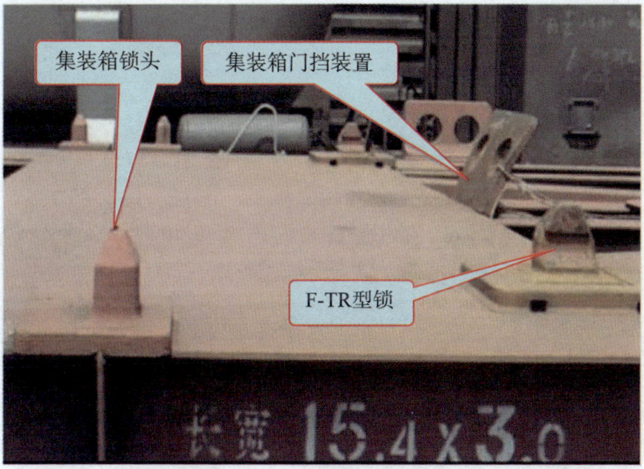

图 3-19 集装箱专用平车(2)

图 3-20　两用平车

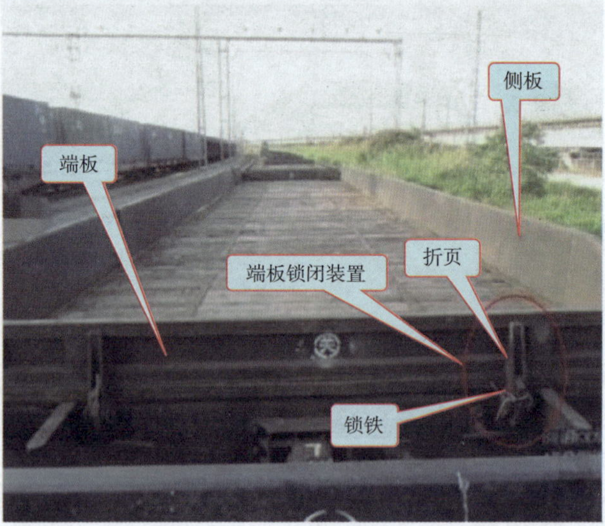

图 3-21　普通平车

4. 罐车

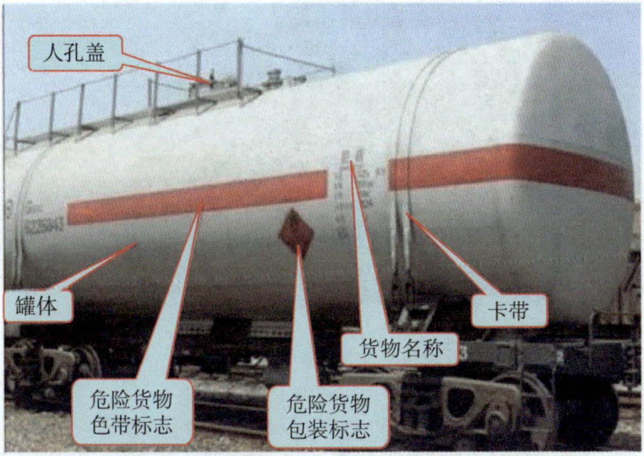

图 3-22 危险货物罐车

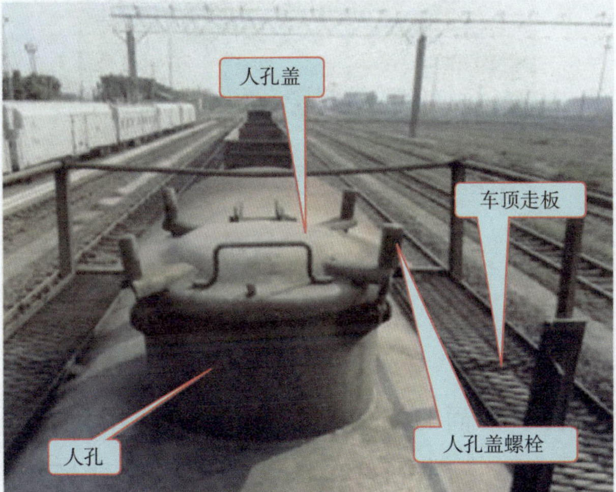

图 3-23 罐车人孔盖结构

图 3-24　罐车端部阀盖

图 3-25　罐车侧部阀盖

三、车辆标记

为了表示车辆的类型和特征，满足使用、检修和统计的需要，每一辆铁路车辆应具有规定的各种标记。铁路货车的标记包括以下几项。

1. 路徽

凡国铁集团所属车辆上，一律涂打人民铁路路徽和产权牌。

2. 车号

车号包括型号及号码。型号有基本型号和辅助型号两种。基本型号代表车辆种类，用汉语拼音表示，如P、N、C、G等。

标准辅助型号：同一种车辆，因有不同的构造形式，所以采用辅助型号来区别，写在基本型号的右下角表示，如P_{62}、P_{61}、P_{64}、N_{16}、N_{17}等。

号码为车辆的顺序号码，按车种和标记载重量来编号，每一辆车均有自己的号码。

3. 制造厂名及日期

制造厂名及日期标明制造该车的厂名及制造年、月。

4. 定期修理的日期及处所

定期修理的日期及处所包括厂修、段修、辅修（制动检查）和滑动轴瓦的轴箱检查标记等，标明检修时间和单位，以便明确检修责任。

5. 段、厂修标记

横线上为段修标记，横线下为厂修标记，左侧为下次检修年、月，右侧为本次检修年、月及检修单位简称。

例：$\dfrac{\text{10.10—09.10 哈齐}}{\text{12.10—07.10 齐厂}}$

段修标记中表示在2009年10月由哈尔滨铁路局齐齐哈尔车辆段施行段修，应在2010年10月进行下一次段修。

厂修标记中表示在2007年10月由齐齐哈尔车辆厂

施行厂修，应在 2012 年 10 月进行下一次厂修。

6. 自重

自重即车辆本身的重量，以吨(t)为单位。

7. 载重

载重即车辆的装载重量(简称标重)，以吨(t)为单位。

8. 容积

容积即表示货车(平车除外)可供装载货物的容量，以立方米(m^3)为单位，取一位小数。并在括号内列(长×宽×高)尺寸，以米(m)为单位，保留一位小数；平车以长宽标记(长×宽)代替容积标记；罐车在容积标记下涂打容量计表的标记，标明容量计算表示的号码。

9. 换长

为编组列车时统计工作和行车指挥人员掌握运行的需要，规定货车长度 11 m 为标准，为一辆，换算成车辆的辆数，简称换长。

第四章　铁路货运作业组织

第一节　铁路货运作业流程

铁路货运作业流程如图 4-1 所示。

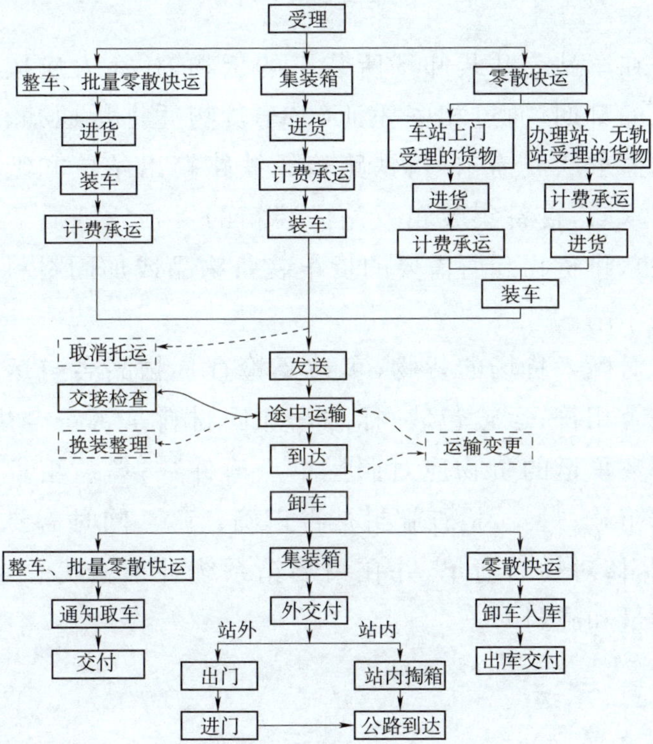

图 4-1　铁路货运作业流程

一、受理

铁路通过网络、电话、营业场所及上门服务等渠道敞开受理客户需求。各受理渠道在营业时间内应保持畅通。运输需求统一通过铁路货运电子商务系统提报(零散快运除外)。

对于抢险救灾物资,直接用于农业生产的物资、鲜活货物以及其他需要急运的物资,应优先运输。

二、货物的搬入和验收

在车站公共装卸场所装车的货物,托运人应按车站指定的日期,通过相关凭证(整车货物凭进货通知、纸质运单需求联或需求号,铁路箱凭铁路箱出站单和纸质运单需求联,自备集装箱或站内装箱的货物凭纸质运单需求联),将货物和所需要的货车装备物品或加固材料一起搬入车站。

对搬入货场的货物,车站要检查货物品名与运单记载是否相符;运输包装、标志及加固材料是否符合规定;按件数承运的货物应对照运单点清件数;集装箱货物要核对箱号、封号,检查施封是否正确、有效,同时需要检斤验货,核对物品清单,并在集装箱系统补录箱货总重、货物重量和施封号。

三、承运

承运人接收零散快运货物和集装箱运输的货物后,

或在整车货物和批量零散快运货物装车完毕后，在货物运单上加盖车站日期戳。

零散货物快运货物、集装箱货物先填制货物运单后装车，整车货物、批量快运货物是先装车后填制货物运单。

实行承运前保管的车站，对托运人已全批搬入车站的整车货物，从接收完了时起，负承运前保管责任。

四、货物的装车

1. 装车作业

装车作业是铁路货物运输工作的一个重要环节。装车质量直接影响到货物安全、货物运送速度、车辆周转时间以及列车运行安全。铁路组织装车的货物，承运人应做好装车前、中、后的检查及作业组织工作。

2. 施封

施封是为了划分铁路与托运人或铁路内部各部门对货物运输的完整应负的责任。

(1)凡使用棚车、冷藏车、罐车运输的货物，应由组织装车单位负责施封。但派有押运人，需要通风运输的货物以及组织装车单位认为不需要施封的货物，可以不施封。

(2)使用集装箱运输的货物，由托运人负责施封。

五、货物的途中作业

为保证行车安全和货物安全，明确各自责任，对运输中的货物(车)和运输票据要进行交接和检查,并按规定处理。

1. 运输阻碍的处理

因不可抗力的原因致使行车中断,货物运输发生阻碍时,铁路局集团公司对已承运的货物,可指示绕路运输。或者,在必要时先将货物卸下,妥善保管,待恢复运输时再行装车继续运输,所需装卸费用,由装卸作业的铁路局集团公司负担。因货物性质特殊,绕路运输或卸下再装,可造成货物损失时,车站应联系托运人或收货人请其在要求的时间内提出处理办法。超过要求时间未接到答复或因等候答复将使货物造成损失时,比照无法交付货物处理,所得剩余价款,通知托运人领取。

2. 货物运输合同的变更和解除

对托运人提出的取消托运需求,货场装车的,发站确认货车在本站,通知行车人员后,方可受理;专用线、专用铁路(除特别指明者外,以下简称专用线)装车的,路企交接前可受理,路企交接后不受理。

托运人由于特殊原因,对承运后的货物运输合同,可按批向货物所在的中途站或到站提出变更到站、变更收货人。途中或到站仅受理托运人提出的货物运输一次变更需求。

以下情况承运人不办理变更:

(1)违反国家法律、行政法规、物资流向、运输限制和蜜蜂的变更;

(2)变更后的货物运到期限大于容许运输期限;

(3)变更一批货物中的一部分；

(4)第二次变更到站；

(5)零散货物快运不办理变更到站；

(6)气体类危险货物罐车运输不允许办理运输变更或重新托运，如遇特殊情况需要变更或重新托运时，需经铁路局集团公司批准；

(7)易腐货物需要变更到站时，可办理一次，但容许运输期限要大于重新计算的运到期限3日以上；

(8)收货人提出的货物运输变更需求。

六、货物的到达卸车、交付和搬出

1. 到达卸车

货物到达后，承运人在车站公共装卸场所内组织卸车的货物，承运人应不迟于卸车完了的次日内，向收货人发出领货通知。

铁路组织卸车的货物，承运人应做好卸车前、中、后的检查及作业组织工作。

2. 交付

货物在到站应向货物运单内所记载的收货人交付。交付包括内交付和外交付，内交付主要是票据交接，外交付主要是货物点交。

承运人组织卸车和发站由承运人组织装车到站由收货人组织卸车的货物，在向收货人点交货物或办理交接手续后，即为交付完毕；发站由托运人组织装车，到站由收货人组织卸车的货物，在货车交接地点交接完毕，即为交付完毕。

车站审核收货人或其委托人提供的相关凭证后,在货票系统办理内交付手续。货运场站卸车的,车站在货运站系统或集装箱系统对“已内交付”的运单进行外交付操作;专用线卸车的,货车办理交接后即为外交付完毕。

3. 搬出

承运人在车站公共装卸场所内组织卸车的货物,收货人应于承运人发出领货通知或送货通知的次日(不能实行领货通知及送货通知或会同收货人卸车的货物为卸车的次日)起算,2 日内将货物搬出或接收货物。根据各地具体情况,铁路局可以缩短货物免费仓储期限一天,也可以适当延长货物免费仓储期间,并报国铁集团备案。

货物交付完毕后,如收货人不能在当日将货物全批搬出车站时:对其剩余部分,按重量和件数承运的货物,可按件点交车站负责仓储;只按重量承运的货物,可向车站声明,由车站负责仓储。

七、接取送达

按客户约定的货物接收地点间的运输服务,包括铁路仓储货物的接取送达,为客户提供“最后一公里”全程物流服务。

客户可自主选择“门到站”“站到门”“门到门”运输服务。

1. 门到站运输

托运人指定上门取货地点,承运人将货物接运至发站，运输至到站。

2. 站到门运输

承运人将货物从发站运输至到站，送达卸货至收货人指定收货地点。

3. 门到门运输

承运人将货物从托运人指定上门取货地点开始，接运至发站，运输至到站，送达卸货至收货人指定收货地点。

八、货物损失处理

货物在铁路运输过程中（自铁路运输企业接受货物时起，至将货物交付时止）发生灭失、短少或者损坏属于货物损失。

发现货物损失后，发现人员应保护现场，立即向车站负责人和货物损失处理人员报告。接到报告后，车站负责人应组织有关人员立即赶赴现场进行货物损失勘察、清理、资料收集并编制“货物损失报告”。

货物发生损失不能判明发生原因和损坏程度，车站应会同收货人（托运人）或物流企业进行损失鉴定，必要时邀请有鉴定能力的第三方机构进行鉴定。

根据货物损失情况，在铁路保价系统中生成货运记录、商务记录和普通记录。货运记录（商务记录）为货物发生损失时的证明，普通记录为现状交接证明。

在货运记录编制当日以查复书形式，通过保价系统对货物损失的原因和责任进行调查，必要时可派人外出调查。货物损失调查定责工作由到站(中途终止运输的,为货物终止运输站)、到达铁路局集团公司负责。

对承运人责任明确的货物损失处理要坚持快速调查、快速定责。对承运人责任明确的货物损失,收货人或托运人可向到站或发站提出赔偿要求。赔偿款额按照《中华人民共和国铁路法》《铁路货物运输规程》和铁路货物保价运输的有关规定计算。

无法交付、无标记货物("两无"货物)应在车站发现当日编制货运记录,核对现货、登记立卷,妥善保管。

第二节 货运生产岗位

货运生产岗位主要有货装值班员、铁路货运员、货运调度员、货运检查员、货检值班员、装卸司机、电动起重机司机。

一、货装值班员

货装值班员指从事组织和指导车站货物运输生产和货物损失处理等工作的人员。

二、铁路货运员

铁路货运员指从事货物运输承运、保管、装车、卸车、交付作业的人员。

三、货运调度员

货运调度员指从事铁路货车的调配、编组、解体、货流和车流衔接等作业的操作人员。

四、货运检查员

货运检查员指从事铁路运输过程中货物(车)交接检查、换装整理工作的人员。

五、货检值班员

货检值班员指从事铁路运输过程中货物(车)交接检查工作的组织指挥人员。

六、装卸司机

装卸司机指操纵装卸机械进行货物装卸、搬动作业和设备维护保养任务的人员。

七、电动起重机司机

电动起重机司机指操作电动起重机械进行货物装卸作业,并对设备进行维护保养的人员。

第五章　货运组织信息系统

货运组织信息系统主要包括铁路货运电子商务系统、铁路货运站安全监控与管理系统、铁路集装箱运输管理信息系统、电子货运票据管理系统、铁路零散货物快运系统、铁路集装化用具管理系统、铁路保价运输管理系统、接取送达系统、铁路货检安全监控与管理系统、铁路货运电子票据综合应用管理系统等。

一、铁路货运电子商务系统

铁路货运电子商务系统简称电商系统，主要用于整车、批量快运、集装箱、国际联运、班列的需求提报与实货核实，自备车辆回送，运单受理，专用线装车作业信息录入，专用线接轨需求提报等，如图 5-1 所示。

图 5-1　铁路货运电子商务系统

二、铁路货运站安全监控与管理系统

铁路货运站安全监控与管理系统简称货运站系统，主要用于整车、批量快运、零散快运装卸车，专用线装卸车路企交接，军运装卸车，路产篷布、集装化用具、需洗刷除污的货车、铁路运营用衡器、装卸机具、军运备品和装置回送，普通记录编制等，如图 5-2 所示。

图 5-2　铁路货运站安全监控与管理系统

三、铁路集装箱运输管理信息系统

铁路集装箱运输管理信息系统简称集装箱系统，主要用于集装箱装卸车，铁路箱进出站、空箱回送等，如图 5-3 所示。

图 5-3　铁路集装箱运输管理信息系统

四、电子货运票据管理系统

电子货运票据管理系统简称货票系统，主要用于整车、集装箱、批量快运的制单、内交付、杂费核收，取消托运，运输变更等，如图 5-4 所示。

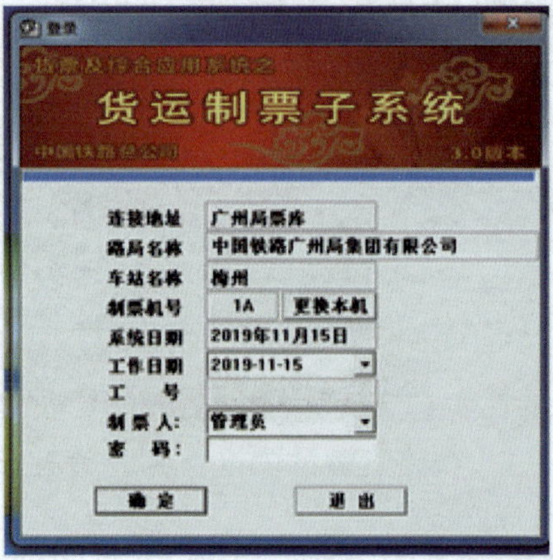

图 5-4 电子货运票据管理系统

五、铁路零散货物快运系统

铁路零散货物快运系统简称零散系统，主要用于零散快运需求提报、制单、装车计划编制、卸车入库确认、交付，1.5 t 箱回送等，如图 5-5 所示。

六、铁路集装化用具管理系统

铁路集装化用具管理系统简称集装化系统，主要用于铁路集装化用具回送等，如图 5-6 所示。

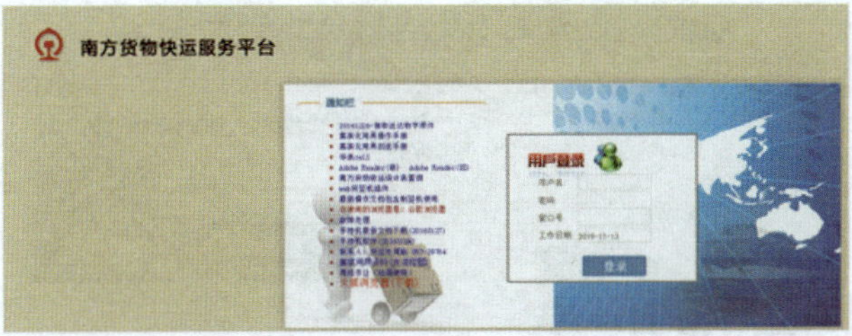

图 5-5　铁路零散货物快运系统

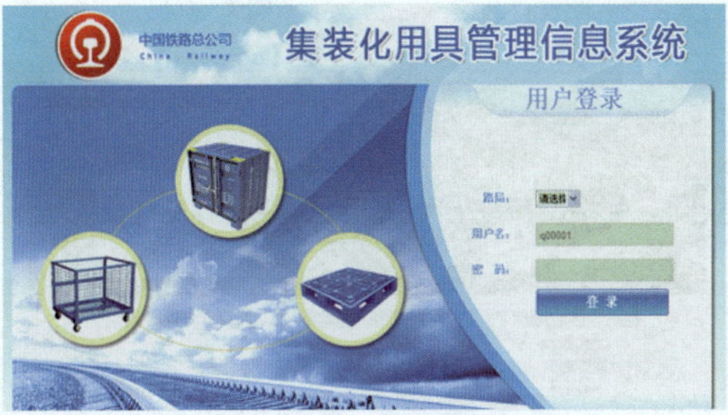

图 5-6　铁路集装化用具管理系统

七、铁路保价运输管理系统

铁路保价运输管理系统简称保价系统，主要用于货物损失处理，货运记录、商务记录编制，保价收入统计等，如图 5-7 所示。

八、接取送达系统

接取送达系统主要用于整车、集装箱、零散、批量零散货物快运的接取送达派单，数据统计等，如图 5-8 所示。

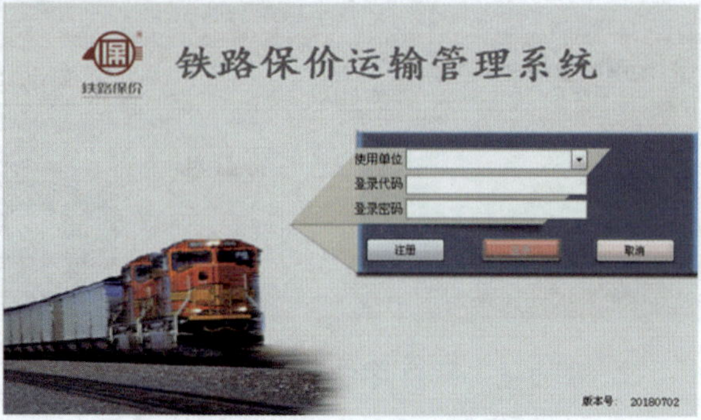

图 5-7　铁路报价运输管理系统

图 5-8　接取送达系统

九、铁路货检安全监控管理系统

铁路货检安全监控管理系统简称货检系统，主要用于分配并执行货检作业任务，查看货检作业轨迹，编制普通记录，签认超限超重货物运输记录、危险货物运输作业签认单等，如图 5-9 所示。

十、铁路货运电子票据综合应用管理系统

铁路货运电子票据综合应用管理系统简称票据管理

图 5-9　铁路货检安全监控管理系统

系统，主要用于凭回送清单回送铁路车辆的回送与签收，调卸作业，票车异常解绑与绑定，车辆票据信息查询等，如图 5-10 所示。

图 5-10　铁路货运电子票据综合应用管理系统

附　录

附录 1

铁路货运常用规章

《铁路货物运输规程》

《铁路货物运输管理规则》

《铁路货物运价规则》

《铁路危险货物运输管理规则》

《铁路鲜活货物运输规则》

《铁路货物损失处理规则》

《铁路集装箱运输规则》

《铁路超限超重货物运输规则》

《铁路货物装载加固规则》

《货车篷布管理规则》

《铁路货物装卸安全技术规则》

《铁路保价运输规则》

《铁路货运计量安全检测设备运用管理规则》

《铁路专用线专用铁路管理办法》

《铁路货运检查管理规则》

《铁路货运票据电子化管理暂行办法》

《铁路货运票据电子化作业办法》

附录 2

铁路常用货车技术参数

序号	车型	换长	轴重（t）	自重（t）	载重（t）	钩舌内侧距离（mm）	地板面距轨面高（mm）	轴数	车底架尺寸（mm）	车辆定距（mm）	固定轴距（mm）	车内尺寸（长×宽×高）（mm）	商业运行速度（km/h）	有效容积（m³）	总容积（m³）	车辆最大外形尺寸（宽×高）（mm）
1	B10	2.0	21	38.2	43.5	21 938	1 369	4	21 000×2 874	16 000	2 400	18 537×2 556×2 300	120	106.5		3 100×4 701
2	B10A	2.0	21	41.1	38	21 938	1 369	4	21 000×2 874	16 000	2 400	17 337×2 556×2 300	120	100		3 100×4 701
3	B10B	2.0	21	41.1	38	21 938	1 369	4	21 000×2 874	16 000	2 400	17 337×2 556×2 300	120	100		3 100×4 701
4	B10BT	2.0	21	41.1	38	21 938	1 369	4	21 000×2 874	16 000	2 400	17 337×2 556×2 300	120	100		3 100×4 701
5	B20-1	1.8	21	54		19 932	1 300	4	19 000×2 824	14 000	2 400		120			
6	B21	2	21	38.5	45.5		1 375	4	21 000×2 824	16 000	2 400	18 000×2 550×2 000	120	92		3 035×4 325
7	B21-1	1.8	21	54		19 938	1 300	4	19 000×2 824	14 000	2 400		120			2 965×4 320

续上表

序号	车型	换长	轴重（t）	自重（t）	载重（t）	钩舌内侧距离（mm）	地板面距轨面高（mm）	轴数	车底架尺寸（mm）	车辆定距（mm）	固定轴距（mm）	车内尺寸（长×宽×高）（mm）	商业运行速度（km/h）	有效容积（m^3）	总容积（m^3）	车辆最大外形尺寸（宽×高）（mm）
8	B22	2.0	21	38.2	45.5	21 938	1 365	4	21 000×2 874	16 000	2 400	18 537×2 556×2 300	120	105		3 035×4 329
9	B22-1	1.8	21	54		19 938	1 300	4	19 000×2 950	14 000	2 400		120			2 965×4 790
10	B22-2	1.9	21	53		20 938	1 300	4	20 000×2 950	15 000	2 400		120			3 234×4 724
11	B23	2.0	21	38.2	45.5	21 938	1 365	4	21 000×2 874	16 000	2 400	18 537×2 556×2 300	120	105		3 100×4 640
12	B23-1	1.9	21	53.5		20 938	1 300	4	20 000×2 950	15 000	2 400		120			3 234×4 724
13	B23-2	1.9	21	55		20 938	1 300	4	20 000×2 950	15 000	2 400		120			3 234×4 724
14	B6	1.6	21	34	45	17 938	1 296	4	17 000×3 010	12 000	1 750	16 494×2 504×2 060	100	86		3 206×4 647
15	B6A	1.6	21	34	45	17 938	1 296	4	17 000×3 010	12 000	1 750	16 494×2 504×2 060	100	86		3 205×4 647

续上表

序号	车型	换长	轴重(t)	自重(t)	载重(t)	钩舌内侧距离(mm)	地板面距轨面高(mm)	轴数	车底架尺寸(mm)	车辆定距(mm)	固定轴距(mm)	车内尺寸(长×宽×高)(mm)	商业运行速度(km/h)	有效容积(m^3)	总容积(m^3)	车辆最大外形尺寸(宽×高)(mm)
16	B6AT	1.6	21	34	45	17 938	1 296	4	17 000×3 010	12 000	1 750	16 494×2 504×2 060	120	86		3 205×4 647
17	B6N	1.6	21	34	45	17 938	1 296	4	17 000×3 010	12 000	1 750	16 494×2 504×2 060	100	86		3 206×4 647
18	C61	1.1	21	23	61	11 938	1 083	4	11 000×2 900	7 200	1 750	11 000×2 890×2 200	100		69.4	3 242×3 293
19	C61E	1.1	21	23.4	61	11 938	1 083	4	11 000×2 900	7 200	1 750	11 000×2 890×2 200	100		69.4	3 242×3 300
20	C61K	1.1	21	23.4	61	11 938	1 083	4	11 000×2 900	7 200	1 750	11 000×2 890×2 200	120		69.4	3 242×3 300
21	C61T	1.1	21	23	61	13 438	1 079	4	11 000×2 900	8 700	1 750	11 000×2 890×2 200	100		73.3	3 242×3 149
22	C62	1.2	21	20.6	60	13 442	1 082	4	12 500×2 900	8 700	1 750	12 488×2 798×2 000	100		68.8	3 190×2 993
23	C62A	1.2	20.4	21.7	60	13 438	1 083	4	12 500×2 900	8 700	1 750	12 500×2 890×2 000	85		71.6	3 196×3 095

续上表

序号	车型	换长	轴重（t）	自重（t）	载重（t）	钩舌内侧距离（mm）	地板面距轨面高（mm）	轴数	车底架尺寸（mm）	车辆定距（mm）	固定轴距（mm）	车内尺寸（长×宽×高）（mm）	商业运行速度（km/h）	有效容积（m^3）	总容积（m^3）	车辆最大外形尺寸（宽×高）（mm）
24	C62AK	1.2	20.5	22.1	60	13 438	1 083	4	12 500×2 900	8 700	1 750	12 500×2 890×2 000	120		71.6	3 196×3 102
25	C62AT	1.2	20.4	22	60	13 438	1 083	4	12 500×2 900	8 700	1 750	12 500×2 890×2 000	100		71.6	3 196×3 102
26	C62B	1.2	20.6	22.3	60	13 438	1 082	4	12 500×2 900	8 700	1 750	12 500×2 890×2 000	85		71.6	3 242×3 095
27	C62BK	1.2	20.7	22.7	60	13 438	1 082	4	12 500×2 900	8 700	1 750	12 500×2 890×2 000	85		71.6	3 242×3 095
28	C62BT	1.2	20.7	22.6	60	13 438	1 082	4	12 500×2 900	8 700	1 750	12 500×2 890×2 000	100		71.6	3 242×3 095
29	C64	1.2	21	22.5	61	13 438	1 082	4	12 500×2 900	8 700	1 750	12 490×2 890×2 050	100		73.3	3 242×3 142
30	C64A	1.3	21	23.4	60	13 948	1 081	4	13 000×2 900	9 210	1 750	13 000×2 890×2 450	100		91.3	3 242×3 541
31	C64AT	1.3	21	23.4	60	13 948	1 081	4	13 010×2 900	9 210	1 750	13 000×2 890×2 450	120		91.3	3 248×3 541

续上表

序号	车型	换长	轴重（t）	自重（t）	载重（t）	钩舌内侧距离（mm）	地板面距轨面高（mm）	轴数	车底架尺寸（mm）	车辆定距（mm）	固定轴距（mm）	车内尺寸（长×宽×高）（mm）	商业运行速度（km/h）	有效容积（m^3）	总容积（m^3）	车辆最大外形尺寸（宽×高）（mm）
32	C64H	1.2	21	22.9	61	13 438	1 082	4	12 500×2 900	8 700	1 750	12 490×2 890×2 051	120		73.3	3 242×3 143
33	C64K	1.2	21	22.9	61	13 438	1 081	4	12 500×2 900	8 700	1 750	12 490×2 890×2 051	120		73.3	3 242×3 149
34	C64T	1.2	21	22.8	61	13 438	1 082	4	12 500×2 900	8 700	1 750	12 490×2 890×2 050	100		73.3	3 242×3 142
35	C70	1.3	23	23.8	70	13 976	1 083	4	13 010×2 900	9 210	1 830	13 000×2 890×2 050	120		77	3 184×3 313
36	C70E	1.3	23	24	70	13 976	1 083	4	13 010×2 900	9 210	C70E：1 830C70EH：1 800	13 000×2 890×2 150	120		80.8	3 180×3 243
37	C70A	1.3	23	23	70	13 726	1 083	4	12 190×2 974	9 210	1 830	12 190×2 974×2 220	120		80.5	3 184×3 313

续上表

序号	车型	换长	轴重(t)	自重(t)	载重(t)	钩舌内侧距离(mm)	地板面距轨面高(mm)	轴数	车底架尺寸(mm)	车辆定距(mm)	固定轴距(mm)	车内尺寸(长×宽×高)(mm)	商业运行速度(km/h)	有效容积(m^3)	总容积(m^3)	车辆最大外形尺寸(宽×高)(mm)
38	C70B	1.3	23	23.8	70	13 976	1 083	4	13 010×2 900	9 210	C70B:1 830C70BH:1 800	13 000×2 892×2 050	120		77	3 242×3 143
39	C70C	1.4	23	≤23.8	70	15 566	1 157	4	14 600×2 920	10 600	1 830	14 590×2 962×2 600	120		112	3 240×3 667
40	C76	1.1	25	25	75	12 000	1 059	4	11 200×3 168	8 200	C76:1 830C76H:1 800	10 520×2 974×2 477	100		81.8	3 184×3 604
41	C76A	1.1	25	24.3	75	12 005	1 082	4	11 200×3 184	8 250	1 800	10 246×3 000×2 450	1 000		83.4	3 194×3 542
42	C76B	1.1	25	23	76	12 000	1 053	4	11 200×3 164	8 200	1 830	10 400×2 974×2 457	100		82	3 184×3 604
43	C76C	1.1	25	23	76	12 000	1 053	4	11 200×3 164	8 200	1 830	10 400×2 974×2 457	100		82	3 184×3 604

续上表

序号	车型	换长	轴重（t）	自重（t）	载重（t）	钩舌内侧距离（mm）	地板面距轨面高（mm）	轴数	车底架尺寸（mm）	车辆定距（mm）	固定轴距（mm）	车内尺寸（长×宽×高）（mm）	商业运行速度（km/h）	有效容积（m^3）	总容积（m^3）	车辆最大外形尺寸（宽×高）（mm）
44	C76H	1.1	25	24.4	75	12 000	1 055	4	11 200×3 184	8 200	1 800	10 518×3 000×2 450	100		81.75	3 184×3 592
45	C80	1.1	25	20	80	12 000	1 055	4	11 200×2 946	8 200	1 830	10 728×2 946×2 710	100		87	3 184×3 793
46	C80（C80H）	1.1	25	19.5	80	12 000	1 059	4	11 200×3 012	8 200	1 800	10 518×3 000×2 450	100		87.2	3 184×3 752
47	C80A（C80AH）	1.1	25 t	20.0 t	80 t	12 000	1 064	4	11 200×2 944	8 200	转 K5：1 830 转 K6：1 800	10 550×2 976×2 700	100		84.8	3 284×3 772
48	C80B	1.1	25	20	80	12 000	1 059	4	11 200×2 984	8 200	C80B：1 830 C80BH：1 800	10 550×2 976×2 700	100		84.8	3 184×3 767

续上表

序号	车型	换长	轴重（t）	自重（t）	载重（t）	钩舌内侧距离（mm）	地板面距轨面高（mm）	轴数	车底架尺寸（mm）	车辆定距（mm）	固定轴距（mm）	车内尺寸（长×宽×高）（mm）	商业运行速度（km/h）	有效容积（m^3）	总容积（m^3）	车辆最大外形尺寸（宽×高）（mm）
49	C80C	1.1	25	≤20.2	80	12 000	浴盆凹底底面距轨高约342	4	11 200×3 184	8 200	1 800	10 000×3 172×2 428	100	84.8	84.8	3 380×3 548
50	C80CA	1.1	25	≤20.2	80	12 000	浴盆凹底底面距轨高约342	4	11 200×3 184	8 200	1 800	10 000×3 172×2 428	100	84.8	84.8	3 380×3 548
51	D10	1.8	21	36	90	20 330	777	6	19 400×3 000	14 800	1 200-1 200		80			3 120×2 196
52	D10A	1.9	21	36	90	20 958	690	6		15 420	1 320-1 320		120			3 000×1 450

续上表

序号	车型	换长	轴重（t）	自重（t）	载重（t）	钩舌内侧距离（mm）	地板面距轨面高（mm）	轴数	车底架尺寸（mm）	车辆定距（mm）	固定轴距（mm）	车内尺寸（长×宽×高）（mm）	商业运行速度（km/h）	有效容积（m^3）	总容积（m^3）	车辆最大外形尺寸（宽×高）（mm）
53	D15A	2.4	25	49.6	150	26 330	850	8			1 830		120			3 000×1 935
54	D17	2.3	20	50	150	25 942	2 130	10	18 140×3 360	17 500			80			
55	D17A	2.5	25	44.5	155	27 780	1 950	8			1 830		100			2 950×2 000
56	D22	2.4	20.25	41.4	120	25 938	1 460	8	25 000×3 000	17 800	1 750-1 210-1 750		100			3 180×1 460
57	D22A	2.4	20.5	44	120	25 930	1 080	8		17 800	1 300-2 100-1 300		120			3 180×1 080
58	D22B	2.36	21	48	120	25 966	1 350	8	25 000×3 000	17 800	1 301-2 100-1 300		100			3 180×1 350

续上表

序号	车型	换长	轴重（t）	自重（t）	载重（t）	钩舌内侧距离（mm）	地板面距轨面高（mm）	轴数	车底架尺寸（mm）	车辆定距（mm）	固定轴距（mm）	车内尺寸（长×宽×高）（mm）	商业运行速度（km/h）	有效容积（m^3）	总容积（m^3）	车辆最大外形尺寸（宽×高）（mm）
59	D25	3.1	21	86	250	34 146	1 650	16	18 900×2 940	18 000	1 750		90			2 940×1 650
60	D26	3.7	25	140	260	41 396	1 150	16	26 000×2 680	25 200	1 650		90			2 680×2 850
61	D26A	2.9	20.9	73.6	260	32 138	1 600	16		16 500	1 750		90			3 170×2 000
62	D26AK	2.9	21	75.6	260	32 130		16		16 500	1 750		100			3 170×2 000
63	D30	3.7	24.8	126	370	40 360		20			4×1 400		80			3 360×4 235
64	D32	5.4	22.8	226	320	58 860	1 150（重车）	24			1 750		100（空车）50（重车）			2 920×4 366

续上表

序号	车型	换长	轴重（t）	自重（t）	载重（t）	钩舌内侧距离（mm）	地板面距轨面高（mm）	轴数	车底架尺寸（mm）	车辆定距（mm）	固定轴距（mm）	车内尺寸（长×宽×高）（mm）	商业运行速度（km/h）	有效容积（m^3）	总容积（m^3）	车辆最大外形尺寸（宽×高）（mm）
65	D32A	5.6	25	240	320	61 910	1 225	24		36 900	1 400-1 400		120			2 760×4 280
66	D35	4.6（空车）	20	285	350	50 168（空车）		32			3×1 400		80（空车）30			3 350×4 720
67	D38	4.8	18.94	226	380	52 718（空车短连挂）		32			3×1 400		空车90 重车50			3 000×5 142
68	D45	6.3	23.29	202	450	69 580		28			1 750		空车100 重车50			3000×4390
69	D5	1.6	21	22	60	18 022	630	4	17 000×3 000	13 500	1 750		100			3 000×1 818
70	D9A	1.9	21	35.8	90	21 130	730	6		15 500	1 200-1 200		120			3 000×1 659

续上表

序号	车型	换长	轴重（t）	自重（t）	载重（t）	钩舌内侧距离（mm）	地板面距轨面高（mm）	轴数	车底架尺寸（mm）	车辆定距（mm）	固定轴距（mm）	车内尺寸（长×宽×高）（mm）	商业运行速度（km/h）	有效容积（m^3）	总容积（m^3）	车辆最大外形尺寸（宽×高）（mm）
71	DL1	1.3	25	≤26	74	13 966	1 128	4	13 000×2 980	9 000	1 830		120（空）			宽 3 146
72	DQ35	4.14	22.2	185	350	45 520（空车短连挂）		24			1 400-1 400		空车 100 重车 60			3 000×4 662
73	G11	1.1	21	21.8	42.8	11 980/11 988	1 078	4	11 050×2 910	7 300	1 750	10 300×ϕ2 200	100	35.5	37.4	2 910×4 127
74	G17	1.1	19.8	22.2	57	11 988		4	11 050×2 880	7 300	1 750		100	60.0	62.0	2 950×4 477
75	G17B	1.1	20.9	20.6	63	11 988		4	无底架	7 500	1 750		100	66.4	70.0	3 020×4 505
76	G17BH	1.1	21	21	63	11 988		4	无底架	7 500	1 750		120	66.4	70.0	3 020×4 484
77	G17BK	1.1	20.98	20.9	63	11 988		4	无底架	7 500	1 750		120	66.4	70.0	3 020×4 515

续上表

序号	车型	换长	轴重（t）	自重（t）	载重（t）	钩舌内侧距离（mm）	地板面距轨面高（mm）	轴数	车底架尺寸（mm）	车辆定距（mm）	固定轴距（mm）	车内尺寸（长×宽×高）（mm）	商业运行速度（km/h）	有效容积（m^3）	总容积（m^3）	车辆最大外形尺寸（宽×高）（mm）
78	G17BT	1.1	20.97	20.9	63	11 988		4	无底架	7 500	1 750		120	66.4	70.0	3 020×4 505
79	G17C	1.1	20.9	20.6	63	11 988		4	无底架	7 500	1 750		100	66.4	70.0	3 020×4 505
80	G17CK	1.1	20.98	20.9	63	11 988		4	无底架	7 500	1 750		120	66.4	70.0	3 020×4 505
81	G17D	1.1	19.95	22.2	53	11 988		4	11 050×2 880	7 300	1 750		100	60.0	62.0	2 950×4 485
82	G17DK	1.1	19.95	22.8	53	11 988		4	11 050×2 880	7 300	1 750		120	60.0	62.0	2 950×4 485
83	G17DT	1.1	19.95	22.8	53	11 988		4	11 050×2 880	7 300	1 750		120	60.0	62.0	2 950×4 485
84	G17E	1.1	19.8	22.8	57	11 988		4	11 050×2 880	7 300	1 750		100	60.0	62.0	2 950×4 477
85	G17GK	1.1	19.95	22.8	53	11 988		4	11 050×2 880	7 300	1 750		120	60.0	62.0	2 950×4 485

续上表

序号	车型	换长	轴重（t）	自重（t）	载重（t）	钩舌内侧距离（mm）	地板面距轨面高（mm）	轴数	车底架尺寸（mm）	车辆定距（mm）	固定轴距（mm）	车内尺寸（长×宽×高）（mm）	商业运行速度（km/h）	有效容积（m³）	总容积（m³）	车辆最大外形尺寸（宽×高）（mm）
86	G17H	1.1	19.9	22.8	57	11 988		4	11 050×2 880	7 300	1 750		120	60.0	62.0	2 950×4 505
87	G17K	1.1	19.9	22.8	57	11 988		4	11 050×2 880	7 300	1 750		120	60.0	62.0	2 950×4 485
88	G17S	1.1	18.8	22.1	53	11 988		4	11 050×2 880	7 300	1 750		100	60.0	62.0	2 950×4 477
89	G17SK	1.1	21	23.3	57	11 980	1 079	4	11 050×2 880	7 300	1 750	10 390×ϕ2 800	120	60	62	2 950×4 485
90	G17SK	1.1	18.9	22.6	53	11 988		4	11 050×2 880	7 300	1 750		120	60.0	62.0	2 950×4 477
91	G17T	1.1	19.8	22.8	57	11 988		4	11 050×2 880	7 300	1 750		120	60.0	62.0	2 950×4 477
92	G18K	1.1	18.3	23	50	12 480		4		7 720	1 750		120		60	2 720×4 350
93	G60	1.1	18.35	20.4	53	11 988		4	11 050×2 880	7 300	1 750		100	60.0	62.0	2 912×4 477

续上表

序号	车型	换长	轴重（t）	自重（t）	载重（t）	钩舌内侧距离（mm）	地板面距轨面高（mm）	轴数	车底架尺寸（mm）	车辆定距（mm）	固定轴距（mm）	车内尺寸（长×宽×高）（mm）	商业运行速度（km/h）	有效容积（m^3）	总容积（m^3）	车辆最大外形尺寸（宽×高）（mm）
94	G60K	1.1	18.5	21.0	53	11 988		4	11 050×2 880	7 300	1 750		120	60.0	62.0	2 912×4 381
95	G60T	1.1	18.45	20.8	53	11 988		4	11 050×2 880	7 300	1 750		120	60.0	62.0	2 950×4 485
96	G70	1.1	20.45	19.8	62	11 988		4	无底架	7 500	1 750		100	69.7	72.0	3 020×4 505
97	G70A	1.2	20.28	21.1	60	12 888		4	无底架	7 500	1 750		100	67.7	70.0	3 020×4 505
98	G70AK	1.2	20.38	21.5	60	11 988		4	无底架	7 500	1 750		120	67.7	70.0	3 020×4 505
99	G70H	1.1	20.5	20.1	62	11 988		4	无底架	7 500	1 750		120	69.7	72.0	3 020×4 485
100	G70K	1.1	20.6	20.4	62	11 988		4	无底架	7 500	1 750		120	69.7	72.0	3 020×4 515
101	G70T	1.1	20.5	20.0	62	11 988		4	无底架	7 500	1 750		120	69.7	72.0	3 020×4 505

续上表

序号	车型	换长	轴重(t)	自重(t)	载重(t)	钩舌内侧距离(mm)	地板面距轨面高(mm)	轴数	车底架尺寸(mm)	车辆定距(mm)	固定轴距(mm)	车内尺寸(长×宽×高)(mm)	商业运行速度(km/h)	有效容积(m^3)	总容积(m^3)	车辆最大外形尺寸(宽×高)(mm)
102	G75K(H)	1.1	20.7	20.9	62	11 988		4	无底架	7 850	1 750		120	75.6	78.0	3 236×4 512
103	GF	1.1	20.02	20.0	60	11 988		4	11 050×2 880	7 300	1 750		100	50.0	53.1	2 912×4 418
104	GF1	1.2	20.9	23.5	60	12 856	1 081	4	11 914×2 800	8 000	1 750		100	65	69	3 020×4 520
105	GF1K	1.2	20.9	23.5	60	12 856	1 081	4	11 914×2 800	8 000	1 750		120	65	69	3 020×4 520
106	GF1M	1.2	18.8	23.2	52	12 856	1 081	4	11 914×2 800	8 000	1 750		100	65.7	70.5	3 020×4 520
107	GF1MK	1.2	18.8	23.2	52	12 856	1 081	4	11 914×2 800	8 000	1 750		120	65.7	70.5	3 020×4 520
108	GN70	1.1	23.45	23.8	70	12 216		4	无底架	8 050	1 830		120	73.7	78.1	3 320×4 466
109	GQ70(H)	1.1	23.4	23.6	70	12 216		4	无底架	8 050	1 830		120	78.7	80.3	3 320×4 494

续上表

序号	车型	换长	轴重（t）	自重（t）	载重（t）	钩舌内侧距离（mm）	地板面距轨面高（mm）	轴数	车底架尺寸（mm）	车辆定距（mm）	固定轴距（mm）	车内尺寸（长×宽×高）（mm）	商业运行速度（km/h）	有效容积（m^3）	总容积（m^3）	车辆最大外形尺寸（宽×高）（mm）
110	IC_{16}	1.2	21	21	60	13 438	1 083	4	12 500×2 900	8 700	1 750	12 500×2 900×1 400	100		50	3 180×2 483
111	$IC_{16}K$	1.2	21	22	60	13 430	1 083	4	12 500×2 900	8 701	1 750	12 500×2 900×1 450	120		50	3 180×2 483
112	$IC_{6}G$	1.2	21	22	60	13 438	1 083	4	12 500×2 900	8 700	1 750	12 500×2 900×1 450	100		52.5	3 180×2 533
113	$IC_{6}GK$	1.2	21	23	60	13 430	1 091	4	12 500×2 900	8 700	1 750	12 500×2 900×1 450	120		52.5	3 242×2 560
114	J_{5}	1.6	21	27.6	20	17 938	1 130	4	17 000×2 890	13 000	1 750		100			3 130×4 591
115	$J_{5}SQ$	1.6	21	25.5	13	17 938	1 080	4	17 000×2 890	13 000	1 750	16 900×2 890	120			3 065×4 772
116	J_{6}	1.6	21	26.5	16.6	17 938	1 125	4	17 000×2 890	12 000	1 750		100			3 130×4 752
117	$JB_{7\text{-}1}$	1.9	21	53.5		20 930	1 175	4	20 000×2 950	15 000	2 400		120			3 234×4 724

续上表

序号	车型	换长	轴重（t）	自重（t）	载重（t）	钩舌内侧距离（mm）	地板面距轨面高（mm）	轴数	车底架尺寸（mm）	车辆定距（mm）	固定轴距（mm）	车内尺寸（长×宽×高）（mm）	商业运行速度（km/h）	有效容积（m^3）	总容积（m^3）	车辆最大外形尺寸（宽×高）（mm）
118	JB7-1	1.4	21	38.5	40	15 430	1 062	4	14 500×3 130	10 000	2 340		120	30.5		3 244×4 740
119	K13	1.1	21	21.2	60	12 046	1 072	4	11 108×2 920	8 000	1 750	8 228×2 920×2 360	100	36	36	3 156×3 104
120	K13A	1.1	21	22.3	60	12 046	1 072	4	11 108×2 920	8 000	1 750	8 228×2 920×2 388	100	36	36	3 172×3 132
121	K13AK	1.1	21	22.3	60	12 046	1 082	4	11 108×2 920	8 000	1 750	8 228×2 920×2 388	100	36	36	3 172×3 132
122	K13AT	1.1	21	22	60	12 038	1 087	4	11 108×2 920	8 000	1 750	8 228×2 920	120	36	36	3 170×3 132
123	K13A	1.1	21	22.3	60	12 046	1 072	4	11 108×2 920	8 000	1 750	8 228×2 920×2 388	100	36	36	3 172×3 132
124	K13K	1.1	21	21.2	60	12 046	1 082	4	11 108×2 920	8 000	1 750	8 228×2 920×2 360	120	36		3 156×3 104
125	K13N	1.1	21	22.3	60	12 046	1 072	4	11 108×2 920	8 000	1 750	8 228×2 920×2 388	100	36	36	3 172×3 132

续上表

序号	车型	换长	轴重(t)	自重(t)	载重(t)	钩舌内侧距离(mm)	地板面距轨面高(mm)	轴数	车底架尺寸(mm)	车辆定距(mm)	固定轴距(mm)	车内尺寸(长×宽×高)(mm)	商业运行速度(km/h)	有效容积(m^3)	总容积(m^3)	车辆最大外形尺寸(宽×高)(mm)
126	$K_{13}NA$	1.1	21	22.4	60	12 046	1 072	4	11 108×2 920	8 000	1 750	8 228×2 920×2 646	100	36	36	3 170×3 390
127	$K_{13}NK$	1.1	21	23	60	12 046	1 086	4	11 108×2 920	8 000	1 750	8 228×2 920×2 646	120	36		3 170×3 390
128	$K_{13}NT$	1.1	21	22.9	60	12 046	1 076	4	11 108×2 920	8 000	1 750	8 228×2 920×2 646	120	36		3 170×3 390
129	$K_{13}T$	1.1	21	22	60	12 308	1 087	4	11 108×2 920	8 000	1 750	8 228×2 920	120	36	36	3 170×3 132
130	$K_{18}F$	1.3	21	26	58	14 738	1 153	4	13 800×3 106	10 500	1 750	无	85		64	3 240×3 353
131	KZ_{70}	1.1	23	23.8	70	12 074	1 082	4	11 108×2 920	8 000	转 K6：1 830 转 K5：1 800	8 700×2 920×2 650	120	42	42	3 168×3 726
132	L_{17}	1.3	21	23.8	60	13 938	1 065	4	13 000×3 150	9 900	1 750	12 000×3 150×3 463	100	78.8	80	3 380×4 332

续上表

序号	车型	换长	轴重（t）	自重（t）	载重（t）	钩舌内侧距离（mm）	地板面距轨面高（mm）	轴数	车底架尺寸（mm）	车辆定距（mm）	固定轴距（mm）	车内尺寸（长×宽×高）（mm）	商业运行速度（km/h）	有效容积（m^3）	总容积（m^3）	车辆最大外形尺寸（宽×高）（mm）
133	L17K（改造）	1.3	21	23.8	60	13 938	1 065	4	13 000×3 150	9 900	1 750	12 000×3 150×3 463	120	78.8	80	3 380×4 332
134	L18	1.3	21	23.6	60	14 468	1 083	4	13 530×2 610	10 430	1 750		120		85	3 360×4 195
135	L70	1.5	23	24.8	69	16 466	1 084	4	15 500×2 640	12 400	1 830		120	98	102	3 344×4 195
136	N	0.7	20.5	14.2	68	7 108	1 295	4	6 200×2 950	3 000	1 720	6 120×2 870×458	90			3 198×1 995
137	N17	1.3	21	20.2	60	13 938	1 209	4	13 000×2 980	9 000	1 750		100			3 176×1 935
138	N17A	1.3	21	19.8	60	13 938	1 211	4	13 000×2 980	9 000	1 750		100			3 176×1 463
139	N17AK	1.3	21	20.1	60	13 938	1 211	4	13 000×2 980	9 000	1 750		120			3 176×1 937
140	N17AT	1.3	21	19.8	60	13 938	1 211	4	13 000×2 980	9 000	1 750		100			3 176×1 463

续上表

序号	车型	换长	轴重（t）	自重（t）	载重（t）	钩舌内侧距离（mm）	地板面距轨面高（mm）	轴数	车底架尺寸（mm）	车辆定距（mm）	固定轴距（mm）	车内尺寸（长×宽×高）（mm）	商业运行速度（km/h）	有效容积（m^3）	总容积（m^3）	车辆最大外形尺寸（宽×高）（mm）
141	N17G	1.3	21	20.2	60	13 938	1 211	4	13 000×2 980	9 000	1 750		100			3 176×1 935
142	N17GK	1.3	21	20.6	60	13 938	1 211	4	13 000×2 980	9 000	1 750		120			3 176×1 937
143	N17GT	1.3	21	20.6	60	13 938	1 211	4	13 000×2 980	9 000	1 750		100			3 176×1 935
144	N17K	1.3	21	20.6	60	13 938	1 209	4	13 000×2 980	9 000	1 750		120			3 176×1 935
145	N17T	1.3	21	20.5	60	13 938	1 209	4	13 000×2 980	9 000	1 750		100			3 176×1 935
146	NX17	1.3	21	22.1	60	13 938	1 211	4	13 000×2 980	9 000	1 750		100			3 176×1 937
147	NX17A	1.3	21	22.5	60	13 938	1 211	4	13 000×2 980	9 000	1 750		100			3 176×1 937
148	NX17AK	1.3	21	22.9	60	13 938	1 211	4	13 000×2 980	9 000	1 750		120			3 176×1 937

续上表

序号	车型	换长	轴重(t)	自重(t)	载重(t)	钩舌内侧距离(mm)	地板面距轨面高(mm)	轴数	车底架尺寸(mm)	车辆定距(mm)	固定轴距(mm)	车内尺寸(长×宽×高)(mm)	商业运行速度(km/h)	有效容积(m^3)	总容积(m^3)	车辆最大外形尺寸(宽×高)(mm)
149	NX17AT	1.3	21	22.9	60	13 938	1 211	4	13 000×2 980	9 000	1 750		120			3 176×1 937
150	NX17B	1.5	21	22.3	61	16 338	1 213	4	15 400×2 960	10 920	1 750		100			3 165×1 942
151	NX17BH	1.5	21	22.9	61	16 338	1 207	4	15 400×2 960	10 920	1 750		120			3 157×1 409
152	NX17BK	1.5	21	22.9	61	16 338	1 214	4	15 400×2 960	10 920	1 750		120			3 157×1 416
153	NX17BT	1.5	21	22.9	61	16 338	1 216	4	15 400×2 960	10 920	1 750		120			3 157×1 418
154	NX17K	1.3	21	22.4	60	13 938	1 212	4	13 000×2 980	9 000	1 750		120			3 170×1 486
155	NX17T	1.3	21	22.5	60	13 938	1 216	4	13 000×2 980	9 000	1 750		120			3 170×1 490
156	NX70	1.5	23	23.8	70	16 366	1 216	4	15 400×2 960	10 920	1 830		120			3 157×1 418

续上表

序号	车型	换长	轴重（t）	自重（t）	载重（t）	钩舌内侧距离（mm）	地板面距轨面高（mm）	轴数	车底架尺寸（mm）	车辆定距（mm）	固定轴距（mm）	车内尺寸（长×宽×高）（mm）	商业运行速度（km/h）	有效容积（m³）	总容积（m³）	车辆最大外形尺寸（宽×高）（mm）
157	NX70A（N70）	1.3	23	23.8	70	13 966	承载面 1 216	4	13 000×2 980	9 000	1 830		120			最宽 3 180
158	P61	1.5	21.0	24.0	60	16 438	1 079		15 500×3 030	11 500	1 750	15 140×2 830×2 819	100		120	3 336×4 220
159	P62	1.5	21.0	24.0	60	16 438	1 141	4	15 500×2 820	11 700	1 750	15 490×2 820×2 760	100		120	3 312×4 220
160	P62N	1.5	21.0	23.4	60	16 438	1 141	4	15 500×2 820	11 700	1 750	15 490×2 820×2 760	100		120	3 312×4 220
161	P62NT	1.5	21.0	23.4	60	16 438	1 141	4	15 500×2 820	11 700	1 750	15 490×2 820×2 754	100		120	3 312×4 123
162	P62T	1.5	21.0	24.0	60	16 438	1 141	4	15 500×2 820	11 700	1 750	15 490×2 820×2 754	100		120	3 312×4 220
163	P63K	1.5	21	24.4	60	16 688	1 150	4	15 750×2 780	12 240	1 750	15 722×2 750×2 900	120	126	137	3 274×4 546

续上表

序号	车型	换长	轴重（t）	自重（t）	载重（t）	钩舌内侧距离（mm）	地板面距轨面高（mm）	轴数	车底架尺寸（mm）	车辆定距（mm）	固定轴距（mm）	车内尺寸（长×宽×高）（mm）	商业运行速度（km/h）	有效容积（m^3）	总容积（m^3）	车辆最大外形尺寸（宽×高）（mm）
164	P64	1.5	21	25.4	58	16 438	1 143	4	15 500×2 820	11 700	1 750	15 466×2 796×2 705	100		116	3 312×4 160
165	P64A	1.5	21	25.5	58	16 430	1 130	4	15 500×2 820	11 700	1 750	15 472×2 800×2 855	100		135	3 320×4 445
166	P64AK	1.5	21	25.8	58	16 438	1 130	4	15 500×2 820	11 700	1 750	15 472×2 800×2 855	120		135	3 320×4 445
167	P64AT	1.5	21	25.6	58	16 438	1 130	4	15 500×2 820	11 700	1 750	15 472×2 800×2 855	100		135	3 320×4 445
168	P64GK	1.5	21	23.8	60	16 430	1 136	4	15 500×2 820	11 700	1 750	15 478×2 804×2 855	120		135	3 340×4 442
169	P64GT	1.5	21	23.8	60	16 430	1 136	4	15 500×2 820	11 700	1 750	15 478×2 804	100		135	3 340×4 442
170	P64T	1.5	21	25.5	58	16 438	1 143	4	15 500×2 820	11 700	1 750	15 466×2 796×2 705	100		116	3 312×4 160
171	P65	1.5	16.5	25.9	40	16 438		4	15 500×2 820	11 700	1 750	15 462×2 790×2 855	100		135	3 320×4 675

续上表

序号	车型	换长	轴重(t)	自重(t)	载重(t)	钩舌内侧距离(mm)	地板面距轨面高(mm)	轴数	车底架尺寸(mm)	车辆定距(mm)	固定轴距(mm)	车内尺寸(长×宽×高)(mm)	商业运行速度(km/h)	有效容积(m^3)	总容积(m^3)	车辆最大外形尺寸(宽×高)(mm)
172	P_{65S}	1.5	16.7	26.9	40	16 438	1 130	4	15 500×2 820	11 700	1 750	13 622×2 790×2 855	120		118	3 320×4 675
173	P_{66H}	1.5	21	≤24	60	16 430	1 124	4	15 500×2 800	11 700	1 750	15 478×2 800×2 852	120	135	135	3 170×4 585
174	P_{66K}	1.5	21	≤24	60	16 430	1 124	4	15 500×2 800	11 700	1 750	15 478×2 800×2 852	120	135	135	3 170×4 585
175	P_{62K}	1.5	21.0	24.0	60	16 438	1 141	4	15 500×2 820	11 700	1 750	15 490×2 820×2 754	120		120	3 312×4 220
176	P_{64GH}	1.5	21.0	23.8	60	16 430	1 136	4	15 500×2 820	11 700	1 750	15 478×2 804×2 855	120		135	3 340×4 448
177	P_{62NK}	1.5	21.0	23.4	60	16 438	1 141	4	15 500×2 820	11 700	1 750	15 490×2 820×2 754	120		120	3 312×4 123
178	P_{64K}	1.5	21	25.6	58	16 438	1 143	4	15 500×2 820	11 700	1 750	15 466×2 796×2 705	120		116	3 336×4 160

续上表

序号	车型	换长	轴重(t)	自重(t)	载重(t)	钩舌内侧距离(mm)	地板面距轨面高(mm)	轴数	车底架尺寸(mm)	车辆定距(mm)	固定轴距(mm)	车内尺寸(长×宽×高)(mm)	商业运行速度(km/h)	有效容积(m^3)	总容积(m^3)	车辆最大外形尺寸(宽×高)(mm)
179	P_{70}	1.6	23	25.2	70	17 066	1 136	4	16 100×2 800	12 100	P70：1 830 P70H：1 800	16 087×2 793×2 855	120		145	3 300×4 770
180	PT	1.5	21	25.6	58	16 438	1 084	4	15 500×2 770	11 700	1 750	15 492×2 770×2 684	100		116	3 324×4 392
181	QD_3	1.5	21	23	30	16 938	578.5	4	16 000×3 000	12 500	1 750		85			3 000×1 694.5
182	S_{11}	0.8	12	16		8 818	1 111	4	7 990×2 460	4 300	1 580		100			3 358×4 305
183	S_{12}	0.8	12	16		8 932	1 111	4	7 990×2 460	4 300	1 600		100			3 358×4 305
184	S_{13}	1.1	12	16.5		8 932	1 188	4	7 990×2 460	4 300	1 600	6 154×2 229×1 108	60			33 580×4 325
185	SQ_1	2	21	33.3	16.8	21 738	1 085	4	20 800×3 040	16 500	1 750		100			3 195×4 734

续上表

序号	车型	换长	轴重（t）	自重（t）	载重（t）	钩舌内侧距离（mm）	地板面距轨面高（mm）	轴数	车底架尺寸（mm）	车辆定距（mm）	固定轴距（mm）	车内尺寸（长×宽×高）（mm）	商业运行速度（km/h）	有效容积（m^3）	总容积（m^3）	车辆最大外形尺寸（宽×高）（mm）
186	SQ1K	2	21	33.7	16.8	21 738	1 085	4	20 800×3 040	16 500	1 750		120			3 195×4 734
187	SQ2	2.0	12.4	32.5	17	21 738	1 070	4	20 800×3 040	16 500	1 750		100			3 040×4 693
188	SQ2K	2	21	32.5	17	21 738	1 085	4	20 800×3 040	16 500	1 750		120			3 195×4 693
189	SQ3	2	21	31.5	15	21 738	1 063	4	20 800×3 020	16 500	1 750		100			3 196×4 745.5
190	SQ3K	2	21	31	17	21 738	1 083	4	20 800×3 020	16 500	1 750		120			3 197×4 723
191	SQ4	1.6	21	30	40	18 138	1 075	4	17 200×3 020	12 900	1 750		100			3 201×4 720
192	SQ4K	1.6	21	30.4	40	18 138	1 075	4	17 200×3 020	12 900	1 750		120			3 201×4 720
193	SQ5	2.4	21	37	20	26 038	1 083	4	25 100×2 860	20 800	1 750		120			3 066×4 723

续上表

序号	车型	换长	轴重（t）	自重（t）	载重（t）	钩舌内侧距离（mm）	地板面距轨面高（mm）	轴数	车底架尺寸（mm）	车辆定距（mm）	固定轴距（mm）	车内尺寸（长×宽×高）（mm）	商业运行速度（km/h）	有效容积（m^3）	总容积（m^3）	车辆最大外形尺寸（宽×高）（mm）
194	SQ_6	2.4	23	38	22	26 066	1 076	4	25 100×2 880	20 800	1 830		120			3 086×4 723
195	SQ_7	2.4	23	43.5	汽车 25 普货 50	26 066	1 082（侧门孔下沿）	4	25 100×2 970	20 800	1 830	25 000×2 770×3 636	120	156		3 306×4 760
196	T	2.3	21	65.1	6.05	25 080	1 200	4	24 000×3 000	18 200	2 400		120	85.1	100	3 100×4 670
197	T_{10}	1.6	15	54	6	17 908	1 130	4	17 000×2 850	12 000	1 750	16 780×2 805×2 896	100			3 269×4 800
198	$T_{11}A$	1.5	21	39.00	69	16 938	1 065	4	16 000×3 100		1 750		100			3 142×4 510
199	$T_{11}A$	1.6	21	39.70	42	17 938	1 065	4	17 265×3 100		1 750		100			3 196×4 607
200	$T_{11}AK$	1.6	21	39.70	42	17 938	1 065	4	17 265×3 100		1 750		100			3 196×4 607

续上表

序号	车型	换长	轴重（t）	自重（t）	载重（t）	钩舌内侧距离（mm）	地板面距轨面高（mm）	轴数	车底架尺寸（mm）	车辆定距（mm）	固定轴距（mm）	车内尺寸（长×宽×高）（mm）	商业运行速度（km/h）	有效容积（m^3）	总容积（m^3）	车辆最大外形尺寸（宽×高）（mm）
201	T11B	1.3	21	39.00	42	13 938	1 116	4	13 000×3 180		1 750		100			3 180×4 317
202	T11BK	1.3	21	28	56	13 930	1 125	4/节	13 000×2 980	9 000	1 750		120			3 124×3 145
203	T11BT	1.6	21	38.10	50	18 070	1 174	4	17 140×3 100		1 750		120			3 276×4 751
204	T12	1.3	21	30.5	50	13 938	1 149	4	13 000×2 460	9 300	1 750		100			3 374×1 454
205	T6DK	1.2	21	22		13 430		4		8 700	1 750		120			3 084×2 471
206	T6FK	1.2	21	82	56	13 438	1 080	4	12 500×2 906	8 700	1 750		120			3 064×4 620
207	U60	1.2	21	26	58	13 682	1 062	4	12 740×2 612	9 440	1 750		100	48	48	3 220×4 353
208	U60W	1.1	21	24	60	11 992	1 079	4	11 050×2 880	7 300	1 750	10 410×ϕ2 800	100	50	61	2 912×4 447

续上表

序号	车型	换长	轴重(t)	自重(t)	载重(t)	钩舌内侧距离(mm)	地板面距轨面高(mm)	轴数	车底架尺寸(mm)	车辆定距(mm)	固定轴距(mm)	车内尺寸(长×宽×高)(mm)	商业运行速度(km/h)	有效容积(m^3)	总容积(m^3)	车辆最大外形尺寸(宽×高)(mm)
209	U60WK	1.1	20.9	24.5	59	12 000	1 088	4	11 062×2 830	7 600	1 750		120	50.8	67.8	3 020×4 520
210	U61W	1.1	20.8	22.3	61	12 000	1 088	4	11 062×2 830	7 600	1 750		100	50.8	65.7	3 016×4 514
211	U61WK	1.1	20.8	22.3	61	12 000	1 088	4	11 062×2 830	7 600	1 750		120	50.8	65.7	3 016×4 514
212	U61WT	1.1	20.8	22.3	61	12 000	1 088	4	11 062×2 830	7 600	1 750		100	50.8	65.7	3 016×4 514
213	U61WZ	1.1	21	22.8	61	11 992	1 078	4	11 050×2 880	7 300	1 750	10 410×ϕ2 800	100	50.9	61	2 971×4 447
214	U61WZK	1.1	21	22.8	61	11 992	1 078	4	11 050×2 880	7 300	1 750	10 410×ϕ2 800	100	50.9	61	2 971×4 447
215	W5AK	1.5	21	26.5	50	16 438	1 141	4	15 500×2 820	11 700	1 750	14 490×2 820×2 670	120	108	116	3 312×4 400
216	W5SK	1.5	21	26.7	50	16 438	1 141	4	15 500×2 820	11 700	1 750	14 490×2 820×2 670	120	108	116	3 308×4 291

续上表

序号	车型	换长	轴重(t)	自重(t)	载重(t)	钩舌内侧距离(mm)	地板面距轨面高(mm)	轴数	车底架尺寸(mm)	车辆定距(mm)	固定轴距(mm)	车内尺寸(长×宽×高)(mm)	商业运行速度(km/h)	有效容积(m^3)	总容积(m^3)	车辆最大外形尺寸(宽×高)(mm)
217	W_6	1.5	21	23.8	60	16 430	1 103	4	15 500×2 820	11 700	1 750	15 494×2 820×2 740	120		126	3 320×4 320
218	X_1K	1.4	18	19.8	50	14 738	1 160	4	13 800×3 090	9 700	1 800		120			3 170×1 549
219	X_2H	1.8	25 t	21.8	78 t	19 466	190	4	18 500×2 912	15 666	1 800		120			3 120×1 815
220	X_2K	1.8	25 t	22	78 t	19 466	190	4	18 500×2 912	15 666	1 830		120			3 120×1 815
221	X_3K	1.8	21	21.4	61	19 338	1 159	4	18 400×2 750	14 600	1 750		120			2 926×1 860
222	X_4K	1.8	23	21.8	72	19 416	1 140	4	18 400×2 656	14 200	1 830		120			2 890×1 430
223	X_6A	1.3	21	17.8	60	13 938	1 162	4	13 000×3 070	9 300	1 750		100			3 224×1 600
224	X_6AT	1.3	21	18.2	60	13 938	1 162	4	13 000×3 070	9 300	1 750		100			3 224×1 600

续上表

序号	车型	换长	轴重（t）	自重（t）	载重（t）	钩舌内侧距离（mm）	地板面距轨面高（mm）	轴数	车底架尺寸（mm）	车辆定距（mm）	固定轴距（mm）	车内尺寸（长×宽×高）（mm）	商业运行速度（km/h）	有效容积（m^3）	总容积（m^3）	车辆最大外形尺寸（宽×高）（mm）
225	X6B	1.5	21	22.4	60	16 338	1 160	4	15 400×2 970	10 920	1 750		100			3 224×1 600
226	X6BK	1.5	21	22.8	60	16 338	1 160	4	15 400×2 970	10 920	1 750		120			3 224×1 600
227	X6BT	1.5	21	22.8	60	16 338	1 160	4	15 400×2 970	10 920	1 750		100			3 224×1 600
228	X6C	1.5	21	20	60	16 338	1 160	4	15 400×3 030	10 920	1 750		100			3 224×1 600
229	X6CK	1.5	21	20.4	60	16 338	1 160	4	15 400×3 030	10 920	1 750		120			3 224×1 600
230	X6CT	1.5	21	20.4	60	16 338	1 160	4	15 400×3 030	10 920	1 750		100			3 224×1 600
231	X6H	1.5	21	21	61	16 338	1 160	4	15 400×3 030	10 920	1 750		120			3 220×1 408
232	X6K	1.2	21 t	18	61 t	13 230	1 170	4	12 300×2 750	8 900	1 750		120			2 825×1 480

续上表

序号	车型	换长	轴重(t)	自重(t)	载重(t)	钩舌内侧距离(mm)	地板面距轨面高(mm)	轴数	车底架尺寸(mm)	车辆定距(mm)	固定轴距(mm)	车内尺寸(长×宽×高)(mm)	商业运行速度(km/h)	有效容积(m^3)	总容积(m^3)	车辆最大外形尺寸(宽×高)(mm)
233	X70	1.2	23	22.4	70	13 466	承载面 1 169	4	12 500×2 980	9 000	1 830		120			最宽 3 164
234	X6CT	1.5	21	20.4	60	16 338	1 160	4	15 400×3 030	10 920	1 750		100			3 224×1 600

注：ϕ为直径符号。

附录 3

批量货物快运品类

序号	代码	货物品类
1	260026	机油
	260041	润滑油
2	1021001	板材
3	1030001	木片
4	1041003	胶合板
	1041009	普通人造板
	1041010	人造板
	1041014	纤维板
	1041016	竹胶合板
5	1540	橡胶及其制品
6	1552	塑料管
7	1553	塑料制箱、桶、罐、盒、瓶、壳、痰盂
8	1554	泡沫塑料
9	1555	有机玻璃制品
10	1556	塑钢及其制品
11	1559	其他塑料制品
12	1560	油漆、涂料、颜料、染料
13	1593	炭黑。炭白
14	1595	石蜡。地蜡
15	1596	日用化工品
16	1610	金属结构及其构
17	1620	金属工具、模具
18	1639	其他铝制器皿、搪瓷制品

续上表

序号	代码	货物品类
19	1691	钢丝、铁丝。钢丝绳。钢绞线。金属紧固件
20	1692	铸铁管。瓦楞铁。金属接头、弯头
21	1693	金属制箱、桶、罐、盒、瓶、壳、痰盂
22	1699	其他杂项金属制品
23	1711001	柴油机
24	1715	铸、锻件。泵。普通机械零配件
25	1716	医疗器械
26	1719	其他机械设备
27	1723	组成的自行车
28	1724007	电动自行车
	1724026	三轮车
29	1725	拆解的运输工具。运输工具的零配件
30	1731	仪器、仪表
31	1732	仪器、仪表元、器件
32	1821	特定音像机器
33	1822	特定调温电器
34	1823	洗衣机
35	1829	其他日用电器
36	1830	电子计算机及其外部设备
37	1891	灯泡、电珠、灯管。高压汞灯。电子管。显像管
38	1892	灯具。灯罩。日光套灯
39	1893	电线。电缆
40	1899	其他杂项电子、电气机械及器材
41	2111	竹。藤

续上表

序号	代码	货物品类
42	2112	棕
43	2114	草秸、芦苇、芒秆
44	2115	干花朵、花瓣
45	2119	其他植物及其纤维
46	2121	竹片。竹篾。竹筋。竹丝。竹刨花。竹扁担。竹抬杠。竹跳板
47	2122	草绳。棕线。棕绳。麻绳。笋壳绳。麻经。麻刀。纸筋。玉米芯
48	2126	草片。草垫。草袋。蒲包。蒲绒。芦花。竹、藤、棕、草、芦苇、树条及其他类似材料制的箱、筐、篓、篮、箩
49	2127	竹地板
50	2129	竹、藤、棕、草、芦苇、树条及其他类似材料制品
51	2131	杂木棍。木抬杠。木扁担。锄、镰、镐、锹、耙、杈的把
52	2132	软木板。软木砖(塞)
53	2133	木粉。榆皮粉
54	2135	木柴。木炭。板皮。锯末。刨花。木丝、松明子。树条。树的根、枝、叶、皮
55	2139	其他木材加工、副产品
56	2142	糖料
57	2151	烟叶
58	2152	烟梗。烟末。烟杆(秸)
59	2191	干蔬菜
60	2192	干果。子实、子仁。果核、果皮
61	2193	植物种子
62	2221	糖蜜。糖稀。蜂蜜。糖果。蜜饯果脯。果酱

续上表

序号	代码	货物品类
63	2222	方便面。饼干。蛋卷。粉条(丝)
64	2223	挂面、糕点及其他粮食复制品
65	2224	肉、蛋、奶制品。罐头
66	2226	酱腌菜
67	2227	食用植物油
68	2229	调味品及其他食品
69	2231	酒
70	2232	茶叶
71	2239	其他饮料
72	2241	卷烟
73	2249	其他烟草制品
74	2311	丝。化学纤维
75	2312	丝棉
76	2313	毛。绒毛。人造毛。毛条。羽绒
77	2314	纱
78	2315	毛线及其他纺线
79	2321	布。呢绒。绸缎
80	2322	毯。毡及毡制品
81	2329	其他针、纺织品
82	2331	鞋
83	2332	帽
84	2333	服装
85	2334	被。褥。帐
86	2339	其他编织、缝纫品

续上表

序号	代码	货物品类
87	2349	其他皮革、毛皮制品
88	2410	纸浆
89	2421	纸及纸板
90	2422	其他纸制品
91	2432	书籍
92	2439	其他印刷品
93	2491	文具。本册。教具。标本
94	2492	体育用品、演艺用品
95	2494	玩具。童车
96	2499	游乐用品及其他文教用品
97	2510	中药材
98	2520	中成药、西药及其他医药品
99	9912	竹、藤、树条及类似材料制的家具
100	9913	其他材料制的衣箱、家具
101	9915	暖水瓶(胆)。保温瓶(胆)。眼镜
102	9916	玻璃器皿及其他玻璃制品
103	9919	其他陶瓷制品及日用杂品
104	9922	非食用植物油
105	9934	叶粉。叶粒。玉米芯粉。配合或复制饲料
106	9951	工艺品。塑料花及其他人造花

附录 4

广州局集团公司基本情况

中国铁路广州局集团有限公司(简称广州局集团公司),是中国国家铁路集团有限公司管理的大型铁路运输企业的 18 个铁路局集团公司之一。营业线路总延展长度 127 949.1 km,营业里程 59 530.0 km,电气化营业里程 17 409.2 km,接触网 7 214.693 km。配属机车 1 294 台,其中内燃机车 726 台、电力机车 565 台;客车 4 322 辆,配属行包专列车辆 1112 辆。

广州局集团公司主要管辖广东、湖南、海南三省铁路。截至 2019 年 12 月 31 日,全集团公司管辖营业里程 10 536 km(不含地方铁路 330 km),约占全国铁路的 7.8%,全路排第 4 位。其中,时速 200 km 及以上铁路 4 752 km,约占全国的 13.6%,全路排第 2 位。复线率 69.6%,电气化率 78.7%。

全集团公司共 673 个车站,其中编组站 6 个,区段站 8 个,中间站 642 个(高铁中间站 219 个,普铁中间站 430 个高普速共站车站 7 个),线路所 17 个(高铁线路所 11 个,普铁线路所 6 个);客运营业站 302 个。

广州局集团公司机关设置直属单位 20 个,下辖 67 个运输单位(含 5 个运输辅助单位),以及 17 家一级非运输企业,28 家控股(参股)合资公司(不含广州电力机车有限公司)。其中,控股的广深铁路股份有限公司是目前唯一一家在内地、香港和纽约挂牌上市的铁路股份制企业。

货运总体情况

广州局集团公司管内现有货运营业办理站 251 个，其中长沙中心 124 个，广州中心 102 个，衡阳车务段（吉衡线、资许线）6 个，株洲站（沪昆线、醴茶线）5 个、海口车务段 12 个，平南公司 2 个。

《铁路专用线（专用铁路）名称表》中现公布有专用线 485 条（广东省 152 条、湖南省 327 条、海南省 6 条）。

现有货检站 12 个，其中路网性货检站 4 个（株洲北、衡阳北、江村、怀化西），区域性货检站 8 个。

现有集装箱办理站 134 个（其中，长沙中心 65 个、广州中心 60 个、衡阳车务段（吉衡、资许线）1 个，株洲站（沪昆线、醴茶线）3 个、海口车务段 3 个，平南公司 2 个。

现有南方货物快运办理站 1 个（海口车务段 1 个）。

现有危险货物办理站 65 个，其中站内办理的 1 个（小塘西），集装箱办理站 2 个（小塘西、湘乡），兼办站 1 个（湘乡），仅在专用线办理的 63 个，办理危险货物运输的专用线共 99 条，共用单位 22 户。其中：长沙中心 40 个办理站，67 条专用线，20 户共用单位；衡阳车务段 2 个办理站，2 条专用线；广州中心 21 个办理站，27 条专用线，2 户共用单位；海口车务段 1 个办理站，1 条专用线；广东地铁 1 个办理站，2 条专用线。

现有超限超重货物办理站 60 个，办理超限超重货物运输的专用线（专用铁路）22 条。

现共有货场162个，其中，国铁单位共有货场77个，货场总面积288万m^2；仓库110座，建筑面积17万m^2；雨棚41座，建筑面积14万m^2。广深、三茂股份公司，广梅汕、粤海、平南、石长、广珠公司等7个合资、股份公司共有货场78个，货场总面积506万m^2；仓库163座，建筑面积40万m^2；雨棚42座，建筑面积6万m^2。广东地方铁路公司共有货场7个，货场总面积27万m^2；仓库3座，建筑面积0.2万m^2；雨棚2座，建筑面积0.9万m^2。